AF485294

Eduardo Casanova

EL PARAÍSO UNIVERSAL

El Centro Exacto del Universo, el lugar a donde van las almas después de la vida. Ciencia y poesía se unen para dar un mensaje de optimismo. Del mismo autor de "Alma, Universo y Vida" y "Vida y Eternidad".

Mérida, Venezuela, diciembre de 2018, febrero de 2019, junio de 2021, marzo de 2022

En memoria de nuestra adorada hija Natalia,
Natalita, Kaki, siempre bella, siempre serena y amable,
un ángel que volvió a su cielo.

A Natalia, a nuestros hijos y nuestros nietos.

A mi hermana Carlota Emilia, una inteligencia
superior que mucho me ha enseñado y orientado sobre
estos y otros temas.

Y en memoria de mis primos Emilio Pittier Sucre,
Carlos Eduardo Sucre Yanes, Reinaldo Casanova
Carcaño, Martín Eduardo Sanabria Casanova y Pablo
Casanova Travieso, y de mis amigos Olaf Ilzins, Levy
Rossel y Luis Morales Bance.

"¡Oh, millares de espíritus inmortales!! ¡Oh, potestades a quienes sólo puede igualarse el Todopoderoso! Aquel combate no careció de gloria, por más que su resultado fuera desastroso, como lo atestiguan esta mansión y este terrible cambio que me es odioso expresar. (...) De hoy más, ya conocemos su poder como conocemos el nuestro, de modo que no provoquemos ni rehuyamos con temor cualquier guerra a que se nos provoque. El mejor partido que nos queda es el de emplear nuestras fuerzas en un secreto designio: el de obtener por medio de la astucia y del artificio lo que la fuerza no ha alcanzado, a fin de que en adelante sepa por lo menos que un enemigo vencido por la fuerza sólo es vencido a medias."

John Milton (1608-1674), **El paraíso perdido.**

Preámbulo

En mis libros "Alma, Universo y vida" y "Vida y Eternidad", expuse con lujo de detalles mis razones para sostener que el ama es inmortal, y se libera del cuerpo con la muerte, para ir a reunirse con las almas afines en la Eternidad. También propuse la idea de que el sentido de la vida no es otro que el de atrasar hasta donde sea posible el final de nuestro Universo, pues el "Big Bang", es decir, el crecimiento continuo del Universo, terminará algún día, cuando las fuerzas que lo mantienen cohesionado dejen de existir y todo desaparezca, lo que es inevitable. En ese sentido, y basándome en que todo puede reducirse a la degradación de la energía, que es Energía Perfecta cuando vibra en la frecuencia más alta y Energía totalmente degradada cuando vibra en la más baja, y llegará el momento en que la Energía se habrá degradado tanto que no podrá seguir sosteniendo la existencia del Universo. Y eso a su vez explicaría la existencia de las almas no originarias, que son bosones que interactúan con la masa para generar vida. Para ello me basé en elementos de Física Cuántica, y propuse una nueva disciplina, la Teología Cuántica, que se apoya en la ciencia más avanzada que conoce la humanidad para describir la realidad, y a partir de los más importantes descubrimientos científicos afirma la existencia de Dios y el destino final de las almas, que no sería otro que el Paraíso Universal, el punto exacto en donde se inició el "Big Bang" y en donde quedaron "muestras" de todos los componentes del Universo, sin excepción. Allí viajarían, después de la muerte de los organismos, todas las almas no originarias, a encontrarse con las almas originarias y permanecer por toda la Eternidad. Se trata de un espacio en el que las almas de los justos se llenan de felicidad y alegría, en un ambiente de paz y con una luz blanca y pura. Es algo que en cierta forma han demostrado científicos muy importantes como Elisabeth Kübler-Ross, Willem ("Pim") van Lommel, Stuart Hameroff y Roger Penrose, además de muchas personas comunes y corrientes. Es casi indiscutible, pues, que al morir el cuerpo, el alma viaja de inmediato al Centro Exacto del Universo, que no es otra cosa que el sitio en donde se inició el "Big Bang". No solo las almas de los justos, sino todas, incluidas las de los peores criminales y los pecadores irredentos. Al llegar las almas se reparten en cinco espacios, que supongo separados entre sí por algún sistema absolutamente insuperable: dos en los polos, uno en el Ecuador y dos entre los polos y el Ecuador, lo que tiene una explicación muy clara. Las almas humanas, que son las almas no originarias, es decir, creadas a partir de la materia y la vida, realmente privilegiadas por tener Consciencia y memoria compleja, irían al Ecuador, a uno de los polos y a los dos espacios intermedios. Todo eso lo he meditado hasta la saciedad en busca de una verdad, de una gran verdad que me permita explicarme el porqué de que mi adorada hija mayor, Natalia, Natalita, Kaki, con apenas cincuenta y cinco años de vida, se fue de este mundo el 4 de mayo de 2018, después de unos meses de lucha dolorosa contra un cáncer de páncreas. Fue y es muy difícil de aceptar, porque en primera instancia todo dice que no fue justo: mi niña era bella, inteligentísima, serena, discreta, buena madre, buena esposa, buena hija, amable como pocas, excelente profesional, trabajadora como pocos. Lo razonable habría sido que viviera hasta su más avanzada ancianidad, debería haber enterrado a sus padres y sus tíos, debería haber continuado su trabajo y su reparto de amor por muchos años, pero no fue así. Su partida me resultaba inexplicable y necesitaba encontrar alguna razón de ser a lo que ocurrió. Por eso me dediqué a investigar, a leer a buscar. Y lo que encontré me maravilló. Así dejé del todo de dudar acerca de la existencia de Dios. Si yo existo, si estoy aquí, si me rodea la naturaleza, Dios existe. De otra manera no puede explicarse nada. Nada tiene la más mínima razón de ser. No puede explicarse que exista el Universo, o que existan las galaxias, o que exista esa pluralidad de luces que llamamos cuerpos celestes. ¿Y qué es la Energía? ¿De dónde surgió la materia? ¿Cómo explicar su existencia? Me dediqué, con un fervor y una atención que jamás había aplicado a nada, a estudiar hasta donde me fue posible todo lo relacionado con la Física Cuántica, y las respuestas que logré me han servido para conseguir, también hasta donde es posible, las respuestas que buscaba. Hoy estoy seguro no solamente de la existencia de Dios, sino de la existencia de muchas cosas que hasta ahora había relacionado con la religión, y hasta con la superstición, pero que ahora relaciono con la ciencia. Y con la poesía, que al fin y al cabo no es otra cosa que la creación y abarca, casi como Dios, todo lo que es, todo lo que existe.

I

El mundo que casi conocemos

Las partículas del Universo

El Universo, que es finito y apenas una parte mínima del Todo, está formado, para decirlo en los términos más sencillos, por Energía y materia, que terminan siendo o pareciendo lo mismo en diferentes grados, puesto que en realidad la Energía se degrada hasta convertirse en materia y la materia se degrada para convertirse en masa, que a su vez se va degradando hasta prácticamente llegar a ser nada. Es decir, hay un proceso continuo que va del Todo a la Nada. Para ello se formaron las partículas elementales o básicas, que también pueden entenderse como ondas. Las ondas vibran a diferentes frecuencias, y todo lo que existe es una cadena de elementos que vibran. Es algo que intuyeron hace mucho tiempo los Herméticos del antiguo Egipto y Grecia, y que hoy acepta la Física Cuántica cuando plantea la existencia de Supercuerdas que vibran a diferentes frecuencias. La misma Física Cuántica hoy habla de que las ondas, partículas elementales o básicas, son de dos tipos: bosones y fermiones

("Bosón en honor al físico y matemático indio Satyendra Nath Bose y Fermión al físico y matemático italiano, nacionalizado norteamericano, Enrico Fermi). Son bosones los fotones, los gluones, los bosones W y Z (los cuatro bosones de gauge, portadores de fuerza del modelo estándar), el bosón de Higgs, y el gravitón de gravedad cuántica; partículas compuestas (por ej.: mesones y núcleos estables de número de masa par como el deuterio (con un protón y un neutrón, número másico = 2), helio-4 o plomo-208; y algunas cuasipartículas (pares de Cooper, plasmones, y fonones). Los bosones se caracterizan por: 1) Tener un espín entero (el espín –del inglés spin 'giro, girar'– es una propiedad física de las partículas elementales por la cual tienen un momento angular intrínseco de valor fijo. La noción de espín fue introducido en 1925 por Ralph Kronig e, independientemente, por George Uhlenbeck y Samuel Goudsmit. La otra propiedad intrínseca de las partículas elementales es la carga eléctrica.). 2) No cumplen el principio de exclusión de Pauli (no puede haber más de una partícula ocupando un mismo estado cuántico) y siguen la estadística de Bose-Einstein, lo que hace que presenten un fenómeno llamado condensación de Bose-Einstein (el desarrollo de máseres y láseres fue posible puesto que los fotones de la luz son bosones). 3) La función de onda cuántica que describe sistemas de bosones es simétrica respecto al intercambio de partículas. Por el teorema espín-estadística se sabe que la segunda y tercera característica son consecuencias necesarias de la primera. Algunos bosones, aunque se comportan como bosones, de hecho están compuestos de otras partículas. Por ejemplo, los núcleos de átomos de helio, bajo ciertas condiciones, se comportan como bosones aun cuando están compuestos por cuatro fermiones que, a su vez, no son elementales cuando son examinados en experimentos de muy alta energía. En física de altas energías y de partículas se dice que los bosones son los mediadores de fuerza o partículas portadoras de las interacciones fundamentales, puesto que los campos eléctromagnético, electrodébil, fuerte y presumiblemente el gravitatorio están asociados a partículas de espín entero. De hecho, la descripción cuántica de las interacciones fundamentales mencionadas consiste en el intercambio de una partícula que será siempre un bosón virtual. Así la interacción de dichos bosones virtuales con fermiones reales es lo que da lugar a dichas interacciones o fuerzas fundamentales. El alcance de dicha interacción en general viene dado por la masa de la partícula intercambiada. A los bosones involucrados en dichas interacciones se les denomina bosones gauge. Estos son los bosones W y Z para la interacción débil, los gluones para la interacción fuerte, los fotones para la interacción electromagnética y el hipotético gravitón para la interacción gravitatoria. Las partículas compuestas por otras partículas, como los protones, los neutrones o los núcleos atómicos, pueden ser bosones o fermiones dependiendo de su espín total. De ahí que muchos núcleos sean, de hecho, bosones. Basta que el número de fermiones que componga esa partícula sea par para que el sistema compuesto sea un bosón. Así, la mayoría de los elementos tiene isótopos que serán fermiones, es el caso del helio-3, o bosones, como el helio-4. El deuterio es también bosón; sin embargo, sus vecinos protio y tritio son fermiones. En términos para legos y simplificando mucho, se puede decir que los bosones, que no tienen masa, actúan siempre por su cuenta, o interactúan con otros elementos para lograr un efecto determinado. Y aunque no es del todo cierto, podría afirmarse que los bosones son las partículas que no se asocian entre sí, sino que interactúan con otras partículas o elementos. Y no es del todo cierto porque hay varias diferencias, como la de que las partículas pueden ser de uno u otro tipo dependiendo de si sus "espines" son enteros o semienteros. Si nos atenemos a eso de definición aproximada y muy simplificada (para legos), los fermiones serían sobre todo las partículas que se integran a otras, se asocian, para constituir otras formas, y se dividen en dos grupos: Quarks, que forman las partículas del núcleo atómico, y que son capaces de experimentar la interacción nuclear fuerte, y Leptones, entre los que se encuentran los electrones y otras que interactúan básicamente mediante la interacción electrodébil. La materia ordinaria está básicamente formada por fermiones y a ellos debe prácticamente toda la masa, que también podría definirse como todo lo que pesa (definición de la física clásica), o la resistencia al desplazamiento (definición de la Física cuántica). Los átomos están compuestos por Quarks que a su vez forman los protones y los neutrones del núcleo atómico y también por leptones y electrones. Los fermiones siguen el principio de exclusión de Pauli, responsable de la "impenetrabilidad" de la materia ordinaria. El principio de Pauli también es responsable de la estabilidad de los orbitales atómicos que hacen posible la complejidad química. Es, pues, lo que une apretadamente varios componentes para que la masa sea la materia palpable, visible y audible, por ejemplo. El otro tipo básico de partícula elemental que existe en la naturaleza es el fermión. Los fermiones se caracterizan por tener espín semi-entero $(1/2, 3/2, ...)$. En el modelo estándar de física existen dos tipos de fermiones fundamentales, que son los quarks y los leptones. Los fermiones se consideran los constituyentes básicos de la materia, que interactúan entre ellos por intermedio de los bosones de gauge. El tipo de partícula se llama así, como dije, en honor al científico italiano

Enrico Fermi. En la descripción de la mecánica cuántica no relativista las funciones de onda de los fermiones son antisimétricas, lo que corresponde con el hecho de que obedecen la estadística de Fermi-Dirac verificando, por tanto, el principio de exclusión de Pauli (no puede haber dos partículas en el mismo espacio). Esta propiedad implica que dos fermiones no pueden ocupar el mismo estado cuántico al mismo tiempo. Todas las partículas elementales "observadas" son fermiones o bosones. Una partícula compuesta, formada por varias elementales, puede ser también un fermión o un bosón dependiendo solo del número de fermiones que contenga: Las partículas compuestas que contienen un número par de fermiones llegan a comportarse como bosones (para valores de la energía tales que no se rompan las ligaduras entre ellas). Este es el caso, por ejemplo, de los mesones o del núcleo de carbono-12. Las partículas compuestas que contienen un número impar de fermiones se comportan en sí mismas como fermiones, como por ejemplo los bariones o el núcleo de carbono-13. Por el contrario el número de bosones que contenga la partícula no es relevante para determinar su posible naturaleza fermiónica o bosónica. Por supuesto, el comportamiento fermiónico o bosónico de las partículas compuestas solo se aprecia al observar el sistema a gran distancia en comparación con la escala de la partícula. Si se observa a escalas similares, la contribución de la estructura espacial empieza a ser importante. Así, dos átomos de helio-4 aunque son bosones no pueden ocupar el mismo espacio si este es comparable al tamaño de la estructura de la partícula en cuestión. De modo que el helio líquido tiene una densidad finita comparable a la densidad de la materia líquida ordinaria. Los fermiones elementales se dividen en dos grupos: Quarks, que forman las partículas del núcleo atómico, y son capaces de experimentar la interacción nuclear fuerte. Y leptones, entre los que se encuentran los electrones y otras que interactúan básicamente mediante la interacción electrodébil. La materia ordinaria está básicamente formada por fermiones y a ellos debe prácticamente toda su masa. Los átomos están compuestos por quarks que a su vez forman los protones y los neutrones del núcleo atómico y también por leptones, los electrones. El principio de exclusión de Pauli obedecido por los fermiones es el responsable de la impenetrabilidad de la materia ordinaria, que hace que esta sea una substancia extensa. El principio de Pauli también es responsable de la estabilidad de los orbitales atómicos haciendo que la complejidad química sea posible. También es el responsable de la presión ejercida por la materia degenerada. Como vemos, entre ambos tipos de partícula hay varias diferencias, pero hay una diferencia que se impone la las demás: sin entrar en detalles puede decirse que unas se mantienen independientes y las otras se agrupan o se asocian entre sí, pero, como dije, hay otras diferencias sutiles, además de que en realidad hay otros elementos muy importantes que las definen, aparte de que las partículas pueden ser de uno u otro tipo dependiendo de si sus "espines" son enteros o semienteros. Se denomina "espín", repito, (del inglés "spin", "giro", y este a su vez del verbo "to spin", "girar", lo que se relaciona directamente con la vibración) a una propiedad física de las partículas elementales por la cual tienen un momento angular intrínseco de valor fijo; el término fue introducido en 1925, independientemente, por Ralph Kronig y por George Uhlienbeck y Samuel Goudsmith. La otra propiedad intrínseca de las partículas es la carga eléctrica.

Un caso muy especial es del alma, que es el más pequeño y aparentemente elemental de los bosones (digo aparentemente porque en realidad es complejísimo, quizás el más completo de todos) e interactúa con la masa, en general, para crear la vida, por lo que hasta ahora no ha sido entendido del todo por la ciencia. Desde luego, al ser un bosón y no tener que cumplir con la exclusión de Pauli, son muchas las cosas que se pueden explicar de su comportamiento. Se trata del primer grado o primer nivel de la degradación de la Energía, que es algo que trataremos más adelante. Dejemos el tema en un par de definiciones: la de bosón, que ya la tratamos, y la de fermión.

En resumen quizás exagerado, los bosones (entre ellos las almas) pueden atravesar la materia y actúan con independencia, sin asociarse permanentemente con otras partículas u ondas, en tanto que los fermiones no, y eso debería bastar para entender las diferencias entre ambos tipos de partícula u onda. En seguida trataremos de entender todo lo que eso implica. Y no debemos dejar de lado la importancia de la vida, pues solo mediante la vida se puede transmitir y conservar algo, especialmente las instrucciones de la naturaleza y la información. Y sobre todo, la vida se justifica dl todo por sí misma. No puede haber almas sin vida y no puede haber almas sin vida, y esto es algo muy importante para entender la realidad del Universo.

Energía y materia

Todo lo que existe puede estar repartido y dividido en un espacio infinito, dentro del cual están los Universos, que también pueden ser infinitos en número, pero son finitos per se. Por lo menos uno de ellos, en este momento el nuestro, está activo, los otros estarían divididos entre los que ya estuvieron activos y finalmente volvieron a ser puntos mínimos, y los que son puntos vivos que están como en espera de su oportunidad y en un momento dado se van a activar, es decir, van a experimentar su propio "Big Bang" que terminará muy posiblemente en un "Big Crunch" que los devolverá a su tamaño original, pero poblados de un número casi inimaginable de almas no originarias, que se sumarán a las almas originarias que puso en ellos Dios en el instante de la creación. Esos Universos, especialmente el que esté activo, de acuerdo a las tesis de Roger Penrose, están formados por Energía y materia, o, si se quiere, Energía que termina formando la materia y la masa. La ciencia actual habla de Universo Observable y de Energía y materia oscuras. Pero no hay que engañarse con el calificativo de "Oscuras". No es que la Energía oscura y la materia oscura no tengan luz, sino que la ciencia, los científicos y la humanidad en general están totalmente a oscuras con respectos a ellas: no tienen ni la más leve idea de lo que son ni de cómo son y por tanto deben limitarse a especular. Y se dice o se calcula que constituyen el 95% del Universo, lo que implica que apenas se tiene una noción, y posiblemente no demasiado precisa, de lo que está en el 5%, y un 99% de ese conocimiento es muy reciente, apenas tendrá en torno a un siglo y se debe a la Física Cuántica.

Para entender lo de la Energía que forma la materia (que es un porcentaje mínimo de lo que existe), conviene apelar a la Teoría de las Supercuerdas (1984), propuesta por John Henry Schwarz (USA, 1941) y Michel Boris Green (UK, 1947). Sin entrar en detalles podría enunciarse así: partiendo de que el átomo no se parece al Sistema Solar salvo en que hay elementos que giran en torno a un núcleo, hay que plantearse que esos elementos no se parecen a lo que suele presentarse dibujado para su comprensión. No son pequeñas esferas ni nada parecido, como tampoco lo son los que forman el núcleo ni el núcleo en sí. Tampoco lo son las mínimas partículas elementales que no forman parte del átomo. Serían más bien mínimos filamentos que vibran, pues todo lo que existe en el Universo, en especial las fuerzas subatómicas está formado por esas como partículas, que ellos llaman "Supercuerdas", cuerdas virtuales unidimensionales que podrían compararse a las de una guitarra o un violín y vibran a diferentes frecuencias casi infinitas, desde las altísimas, indetectables, hasta las frecuencias bajas detectables con instrumentos creados por la ciencia y hasta con los sentidos. Aunque quizás, sobre la base de que las cuerdas de violín o de guitarra vibran y transmiten al aire su vibración, que es algo que no ocurre con las partículas elementales, sería mucho más apropiado comprarlas a plumas, con un filamento central y muchísimos que parten de él, y que tienen un efecto no sobre el aire sino sobre las otras Supercuerdas que las rodean o, mejor aún, que están en contacto directo con ellas. La idea de las cuerdas como de guitarra o de violín fue inicialmente sugerida en 1974 por Schwarz y Joël Scherk (Francia, 1941-1980), como Teoría de las Cuerdas o de la Gravedad cuántica. Supone que el Universo, eso que existe y no existe y que cada quién percibe en su mente, es un gran campo de Energía vibratoria formado por esas cuerdas, o por la acción directa e indirecta de esas cuerdas, que no deben entenderse como objetos, sino como elementos mínimos, sin materia ni peso, portadores de esa Energía vibratoria, que se manifiestan como Energía o como materia en diferentes grados de acuerdo a sus niveles de vibración o frecuencias: vibraciones muy altas, inimaginablemente altas, serían cercanas a la Energía Pura y serían imperceptibles, invisibles, impalpables, y a medida que las vibraciones son menos altas corresponden a los distintos niveles de Energía degradada hasta llegar a la materia y a la masa, de modo que lo que existe sería algo así como una cadena o una escala que empieza en lo imperceptible, lo que no podemos ver ni oír ni siquiera con los instrumentos más avanzados imaginables, y termina en lo muy perceptible, lo palpable, lo que vemos y sentimos, que puede ser ese 5% que comprendemos. E implica además que todo lo que por sus componentes vibra a una frecuencia determinada, se conecta con lo que vibra en una frecuencia un poco más alta y lo que vibra en una frecuencia inmediatamente más baja, lo que a su vez explica que los cuerpos se mantengan unidos y se atraigan entre sí. Esa sucesión de partículas que se entrelazan bien puede ser la explicación del misterio de la Gravedad. Para entenderlo mejor, imaginemos una carrera de relevos casi infinita, en la que el corredor inicial, el primero que arranca con el testigo, es un personaje obeso que casi no puede moverse, y que a duras penas logra avanzar un kilómetro en una hora, antes de desplomarse y entregar el testigo a un esbelto y ágil maratonista que en una hora avanza veintitrés kilómetros más, y pasa el testigo no a un corredor de a pie, sino al piloto de un vehículo de Fórmula 1 que en la próxima hora llega al kilómetro trescientos veinticuatro, en donde le entrega el testigo al piloto de un avión supersónico, que en otra hora avanza hasta el kilómetro veinte mil cuatrocientos, que es el término de la comprensión de los científicos y de los seres humanos, es decir, es donde empieza la oscuridad, y allí, ya a oscuras, el testigo es recibido por el piloto de una nave que se desplaza a una velocidad mayor que la de la luz, que en una hora avanza a 300 millones de metros por segundo, velocidad que no nos es nada fácil comprender, y le pasa el testigo a otro que va aún más rápido, hasta que el penúltimo competidor le entrega el testigo, al último que como ya está en la meta, no tiene que desplazarse. Ese último personaje sería nada menos que Dios, que no tiene que desplazarse para ir de un punto a otro porque está en todas partes. Y si nos tomamos el trabajo de partir de la punta de esa pirámide casi infinita y regresar al punto de partida, que sería la base de la pirámide, e ir identificando a cada uno de los que llevaron el testigo, nos encontraremos con que el último, el que recibe el testigo en la meta, es Dios, la Energía Perfecta, y el penúltimo es un alma originaria, o si se quiere, el representante de todas las almas, es decir, la Energía Cuasi Perfecta, el antepenúltimo es un alma no originaria, y a medida que se regresa van apareciendo los bosones y los fermiones, hasta llegar a la materia, y después, cuando se llega al punto de partida, nos encontramos con la materia inerte. La frecuencia de vibración de Dios es infinita pero equivale a cero, puesto que no necesita vibrar, y la del alma, el penúltimo competidor, es la más alta imaginable, que es el rango de las almas, y la del obeso que casi no pudo desplazarse es la de la materia inerte, una frecuencia tan baja que es casi imperceptible o indefinible. Y los cortos espacios en los que cada competidor le pasó el testigo al siguiente son los Gravitones, y la Gravedad, sobre todo la que se busca para la materia oscura, es la relación que hay entre todos los competidores y se explica por la cohesión que hay entre ellos, en la que cada uno está virtualmente adherido al anterior y al siguiente por medio del testigo que cada uno entrega al otro. Y el hecho de que en cada punto de esa pirámide casi infinita haya vibraciones en frecuencias determinadas, permite explicar en forma más o menos satisfactoria fenómenos como la curación por las manos, que estaría relacionado con la coincidencia de frecuencias. Además, a ese orden preciso y esa armonía se deben a la armonía y el orden del Universo. En los organismos complejos, la frecuencia se determina por el promedio de las frecuencias de sus componentes, y, en general, la afinidad entre personas viene dada por la proximidad de sus frecuencias. Por otra parte, es bueno recordar que, según Erwin Schrödinger, lo que creemos ver, oír y sentir no es la realidad, sino una especie de invención de nuestro cerebro, que se basa que el espacio está poblado de Supercuerdas, esas mínimas partículas u ondas que al vibrar a frecuencias muy variadas forman y cohesionan el Universo. Es lo que Schrödinger llamó Pura-percepción, que explica muchísimos fenómenos que entendemos poco o no entendemos. Esa idea se ha denominado en Física Cuántica la "Ecuación de Schrödinger."

Los Rayos Cósmicos

Una de las pruebas más evidentes de la existencia y unicidad del Universo es la existencia de los rayos cósmicos, o de la radiación cósmica, un fenómeno que se intuyó durante mucho tiempo, pero se ha confirmado del todo durante las últimas décadas. Se trata de partículas subatómicas que vienen del espacio exterior y debido a su velocidad, cercana a la de la luz presentan una notable energía. Fueron plenamente descubiertas, o habría que decir, entendidas, cuando se verificó que la conductividad eléctrica de la atmósfera se debe a la ionización causada por radiaciones de alta energía. Luego del descubrimiento de la radioactividad (Henri Becquierel, 1826) se decía que la electricidad atmosférica o ionización del aire provenía exclusivamente de los elementos radioactivos del suelo y de los gases radioactivos o isótopos de radón producidos por ellos. En 1909 Theodor Wolf, inventor del primer electrómetro, demostró que en la cúspide la Torre Eiffel los niveles de radiación ionizante eran mayores que en la base. En 1912 el austríaco Víctor Franz Hess, mediante un globo aerostático, llevó tres electrómetros a 5.300 metros, y verificó que la tasa de ionización se multiplicaba aproximadamente por cuatro en comparación con la que podía medirse a nivel del suelo. Por un nuevo ascenso en globo durante un eclipse de sol, descartó del todo que la radiación fuese de origen solar. Poco después declaró: "La mejor explicación al resultado de mis observaciones viene dada por la suposición de que una radiación de un enorme poder de penetración entra en nuestra atmósfera desde arriba". Entre 1913 y 1914 Werner Kolhörster ratificó las observaciones de Hess al medir el incremento de la tasa de ionización a una altitud de 9 km. Ernest Rutherford, por su parte, creía, antes de la experiencia de Hess, suponía que la ionización se debía a la radioactividad terrestre, alegando que así se deducía de las medidas tomadas en la base y la cúspide de la Torre Eiffel. El término "rayos cósmicas" fue propuesto por Robert Andrews Millikan tras comprobar que el fenómeno era de origen muy lejano, y hasta provenía de fuera del Sistema Solar.

Sin embargo, todavía no se ha determinado con exactitud el origen de los rayos cósmicos. Se sabe que el sol los emite de baja energía, especialmente cuando hay grandes erupciones solares, pero es obvio que el fenómeno no provine de esa fuente. Muy recientemente un grupo de astrónomos argentinos llegó a la conclusión de que la fuente es una Constelación cercana a Centaurus que contiene una galaxia de núcleo activo debida a un agujero negro supermasivo, del que se fuga a gran velocidad parte de su materia formada por protones y neutrones. Al alcanzar la Tierra (u otros planetas con atmósferas densas) solamente llegan los protones, que al chocar contra las capas superiores atmosféricas caen en cascadas de rayos cósmicos. Ese descubrimiento puede ser extrapolable a todas las galaxias de núcleos activados por agujeros negros.

En todo caso, lo que nos interesa es que se ha probado, más allá de toda duda, que nuestro Universo está absolutamente interconectado, y que no es un absurdo decir que estamos hechos de polvo de estrellas, pues no otra cosa son las partículas u ondas, entre ellas, las almas. O quizás habrá que decir que las estrellas y nosotros estamos hechos exactamente del mismo polvo, del mismo material y, por tanto, las estrellas y nosotros somos parte de Dios. Un Dios que como creían los antiguos nos observa, y como creen los más avanzados científicos de la actualidad, porque nos observa, existimos.

¿Qué es Dios? ¿Cómo es Dios?

Dios es indefinible, inasible para cualquier ser humano. Dios es todo, todo lo que existe, todo lo que es, todo lo que puede ser. Es el creador y es la Creación. Tratar de comprender a Dios es mucho más difícil que lo que sería para una hormiga tratar de envolver el Himalaya. Es absolutamente imposible. Y por lo mismo, negar la existencia de Dios no tiene el más mínimo sentido. Si yo existo, si pienso, si escribo, soy parte de algo, y ese algo, inmenso, imposible de abarcar, es Dios. Y la única forma de tratar de entenderlo es estudiarlo, y la mejor forma de estudiarlo es estudiar lo que existe, su creación. Y el mejor y más completo sistema de estudiar lo que existe es la Física Cuántica, o por lo menos lo será hasta que aparezca un instrumento más afinado y exacto para estudiar lo que existe, para comprender lo que existe. Ningún otro sistema de pensamiento había logrado explicar la luz, la gravedad, el movimiento, la oscuridad, el Universo o el vacío como la Física Cuántica, cuyos inicios se remontan a los primeros días del siglo XX, cuando Max Plank, Phillip Lennard, Albert Einstein y otros científicos empezaron a usar el término latino "Quantum", que podría traducirse como "cuanto", para investigar la luz y la electricidad y la radiación, y se llegó a la conclusión de que hay en todo una interacción, pues todo recibe "cuantos" de Energía y a la vez emite "cuantos" de Energía, lo que forma algo así como una inmensa e infinita red que puede explicar muchas cosas. Previamente se había generalizado la idea de "cuantificarlo" todo, es decir, convertirlo todo en algo comprensible numéricamente, y de allí surgió la idea de la Mecánica Cuántica, que ofrece una descripción fundamental de la naturaleza a escalas espaciales pequeñas, y uniendo pequeños espacios se puede llegar, y se llega, a espacios grandes, hasta formar también una red que todo lo explica, que lo comprende casi todo, aunque no pueda abarcar tanto como la idea de Dios. Y a eso me refiero cuando planteo la idea de una Teología Cuántica, una Teología que intente lo imposible: reducir la idea de Dios a un sistema numérico comprensible. Jamás se logrará, pero cada día se acercará más a la totalidad. Así como el inicio de la Física Cuántica fue la búsqueda de explicaciones de problemas no resueltos, y poco a poco ha ido ascendiendo en logros y ha permitido entender muchísimos fenómenos reales, físicos, para los cuales no había explicaciones coherentes, la Teología Cuántica irá escalando, paso a paso, en la comprensión de Dios, y poco a poco irá develando antiguos misterios y permitirá verificar que sí existe un Paraíso Universal y que sí existe un Cielo y, sobre todo, que las almas no mueren con la muerte de los cuerpos, sino que son eternas y son parte muy importante de la obra de Dios. ¿Para qué fueron creadas? Eso sí es muy posible que nunca se sepa, porque si algo es realmente imposible es pensar como Dios. Los seres humanos tendemos a "humanizar" casi todo: les hablamos a las mascotas como si fueran personas, vemos en hechos fortuitos señales de voluntad, etcétera, lo que puede ser un error. Dios lo es todo, y por tanto es la voluntad. Pero, aun así, decidimos que Dios "piensa" y tiene determinadas intenciones, lo cual es imposible. De modo que tratar de averiguar qué intenciones tuvo Dios para crear las almas, es un ejercicio imposible. Pero ese misterio pude hacerse menos incomprensible si lo cuantificamos, si tratamos de reducirlo a sistemas numéricos que resulten menos incomprensibles. Y de eso se trata la Teología Cuántica, que podría definirse como la combinación de la Teología, el estudio de Dios, con la Física Cuántica, el estudio de su creación material. Uno de los descubrimientos de la Física Cuántica permite saber que nuestras acciones pueden modificar el pasado, lo que a su vez implica que en realidad el tiempo no existe, o no es otra cosa que la modificación que logra el hecho de que seamos observador, y ¿quién puede observar permanentemente todo lo que existe? Allí pueden estar todas las respuestas a las preguntas acerca de Dios.

El conocimiento de Dios

Así como la ciencia está a oscuras con respecto al 95% de la Energía y la materia, la humanidad está a oscuras con respecto a Dios, pero prácticamente en su totalidad. No puede ser de otra manera. El concepto de Dios es enorme, pues abarca nada menos que el infinito, y es imposible que las mentes humanas puedan abarcar tanto. Dios es todo lo que existe, todo lo que puede ser, abarca el Todo, la Nada y el Universo o los Universos y la mente humana no puede comprender ni siquiera un espacio mínimo de todo eso. En definitiva lo único que conocemos de Dios son sus nombres, o los nombres que la humanidad le ha dado: Dios, God, Dieu, Dio, Deus, Got, Gott, Yavé, Alá, Jehová, etcétera. Pero se trata de nombres inventados por la humanidad, que por definición no pueden corresponder al verdadero nombre de Dios. Por otra parte, como dije arriba, el hombre ha tendido a relacionar a Dios con el hombre, y a atribuirle características humanas. Es una forma de tratar de entenderlo, pero no tiene absolutamente nada de cierto. Dios no piensa, sino es el pensamiento. Dios no mira, sino es la mirada. Dios no escucha, sino es el sonido. Dios lo es todo, y por lo tanto no es accesible a la mente humana. Tampoco es posible que los hombres alcancen a comprender lo que erróneamente se puede definir como la voluntad de Dios o las razones de Dios. No existen. Hasta ahora de esos temas se han ocupado las religiones y la Teología, cuando en realidad debería ser un tema de la ciencia, y específicamente de la Física Cuántica. Y mucho mejor si se aborda combinando la Teología con la Física Cuántica, en lo que podríamos denominar Teología Cuántica. Desde ese punto de vista, es posible que en la medida en que se entienda o se comprenda una pizca, un espacio mínimo, de la realidad material, física, se pueda llegar a ver alguna luz y entender un espacio mínimo de Dios. En general, hasta ahora muchos científicos están convencidos de que Dios no existe, y piensan que estudiar el funcionamiento de lo físico no tiene relación con Dios. Ese es un punto de vista netamente religioso. Negar la religión es darle toda la importancia a la religión. Es hora de que ese enfoque se revise: no se puede negar la existencia de un automóvil si se trata de entender apenas el funcionamiento del volante. El volante existe como parte del automóvil, y lo que interesa es tratar de entender cómo, al accionarlo, se modifica la dirección en que va el conjunto. Con respecto a Dios, nunca se podrá entender del todo aun cuando se llegue a saber cómo funcionan todas sus partes, puesto que es imposible entender lo infinito, tanto en el tiempo como en el espacio, pero en la medida en que se vayan abarcando las partes, más cerca se estará de la imposible tarea de comprenderlo. Lo que no se puede es negarlo, porque sería empeñarse en ser lo contrario de nuestra propia esencia que, al fin y al cabo, es la esencia de Dios.

Jesucristo, el Mesías, el Redentor

Desde que en 1990, en Belén, vi el sitio exacto en donde nació Emmanuel, Cristo, Jesús, Jesucristo, en lo que hoy es la

Basílica de la Natividad, y en Jerusalén el sitio exacto en donde murió crucificado y fue enterrado y resucitó, que es el Templo del Santo Sepulcro en Jerusalén, quedé absolutamente convencido de que no es ningún disparate afirmar que es el hijo predilecto de Dios, si no la primera, una de las primeras las almas originarias, el ser material más cercano a la perfección, y vino a la Tierra a vernos, a conocernos. Y a sufrir con nosotros y por nosotros. Su mensaje aún no ha sido comprendido del todo, y lo más posible es que el día en que se entienda, todo termine. En mis trabajos anteriores traté de explicar, hasta donde me es posible la figura de Jesucristo. Algunos dirán que mi visión puede ser torcida por el hecho de que me crie en un medio cristiano, vengo de familias cristianas y en definitiva no puedo negar que soy cristiano. Frente a eso puedo alegar que trato de ser lo más objetivo que se puede ser y, sobre todo, mi visión no es religiosa, sino más bien intelectual y hasta científica. Decía en mis libros anteriores que las religiones existen en lo más profundo de la Consciencia de cada ser humano y pueden ser uno de los aportes de las almas originarias a los hombres. Pero es necesario considerarlas necesarias y convenientes. Son parte de los instintos humanos y tienen una relación directa con el miedo a lo desconocido. En ningún caso pueden ser perjudiciales, salvo si se abusa de ellas para provocar guerras, terrorismo o venganzas, o para enriquecerse y lograr prebendas. Hoy en día una tercera parte de la humanidad acepta a Jesucristo, no solamente como hijo de Dios, sino como Dios mismo. Y aunque hablar de paternidad es atribuirle a Dios condiciones humanas o hasta animales, deja de ser así cuando se habla en términos figurados. Jesucristo debe haber sino la primera de las almas originarias, y en sentido figurado todas las almas son hijas de Dios. Para el cristianismo, así como para los judíos Dios consideró que la humanidad se había perdido y había que volver a empezar por medio del Diluvio Universal, la humanidad se había torcido tanto que había que enviar a Jesucristo para su redención.

Una de las modas de la llamada "edad de la razón" fue la de negar a Cristo y combatir las religiones. Los hechos han demostrado que ambas cosas son errores crasos. Los rusos, con su radical revolución comunista de 1917, movieron cielo y tierra para tratar de desterrar la religión de la vida cotidiana de su pueblo. Pasada la pesadilla que fue esa revolución, hoy la religión es hasta más fuerte que antes de su prohibición, pero no tiene aún la suficiente fuerza como para neutralizar las mafias y otras consecuencias negativas de la revolución. Afortunadamente sigue siendo útil, no solamente como consuelo, sino como contención de muchos males y como buen ejemplo para la sociedad. Al fin y al cabo lo que predicó Cristo fue el bien y el respeto entre los seres humanos.

Es poco o nada lo que se sabe de la vida de Jesucristo en la Tierra, especialmente porque toda la información proviene de escritos religiosos y no de fuentes históricas, lo cual deforma, y no poco, la realidad. El primer verdadero historiador que por lo menos mencionó su muerte a manos de Poncio Pilatos fue Tácito (55-119). Suetonio (70-140) lo nombró muy de pasada como un caudillo que incitaba a los judíos a alzarse contra Roma. Y apenas puede saberse que nació en Belén en tiempos de Augusto y murió en Jerusalén en tiempos de Tiberio. Nunca salió de la nación de los judíos, que es un espacio geográfico muy pequeño. Su vida pública fue de apenas tres años, durante los cuales hizo muchos milagros que le dieron relevancia y demostraron su unicidad, y predicó el bien haciendo gala de grandes y bellas tendencias. Lo de los milagros puede tener una explicación perfectamente válida desde el punto de vista de la Física Cuántica: si se trata del alma originaria más cercana a Dios, pero a la vez se hizo hombre, su alma debe vibrar en muchísimas frecuencias, desde algunas relativamente bajas hasta la más alta imaginable, y eso le permitía comunicarse con todas las personas que tenía cerca, y a su vez le daba la posibilidad de curar con las manos. Se hizo bautizar por Juan el Bautista, a quien en cierta forma sustituyó, y luego de pasar 40 días y 40 noches en el desierto, en donde se dice que resistió todo tipo de tentaciones y enfrento a Satanás, inició sus tres años de prédica y mensaje. Lo poco que se sabe nos dice que para cumplir su misión escogió convertirse en humano, de modo que no hay allí una afirmación que lo convierta en el único hijo, sino en uno de los miles de millones, y hasta más, de hijos del Padre. Pero eso sí, un hijo muy especial, quizás el primero y más importante. Y desde luego, lo de resucitar no pasa de ser algo simbólico, pues quien haya estado en el Paraíso no va a querer por nada regresar a la Tierra. Uno de los mensajes más claros de Cristo revela que conocía muy bien el Paraíso, no por haber oído hablar de él sino por haber estado allí. Eso fue, según los Evangelios, cuando dijo: "No andéis preocupados por vuestra vida, qué comeréis, ni por vuestro cuerpo, con qué os vestiréis", con ello anunció claramente que no habrá nada parecido al Paraíso en este mundo y en esta vida, sino en la Eternidad. Y con ello acabó para siempre con la idea del Reino Mesiánico, y anunció claramente que su reino no era de este mundo. Que hay que esperar el fin de la vida para conseguir la perfección. Su breve e intenso paso por esta vida, en un rincón apartado y aparentemente muy poco importante del planeta, aunque allí se hubiera iniciado nada menos que la agricultura, en su momento, fue casi universalmente ignorado, y sus noticias aparecerían mucho tiempo después, a medida que su mensaje y su religión fueron expandiéndose e imponiéndose, primero en el Medio Oriente y en el Imperio Romano y después en buena parte del resto del mundo cercano al continente europeo. Se dice que su nombre real era Joshua o Emmanuel, de la tribu de David, hijo de José y María, nacido en Belén pero afincado en Nazaret. La virginidad de María coincide con muchas leyendas y profecías del Medio Oriente y otras partes del mundo, y fue muy importante para que en la zona en donde nació se difundiera de inmediato que era, por lo menos, el Mesías, el Esperado. La palabra "Cristo", que también puede haber sido posterior a su existencia, es una traducción del término hebreo "Mesías" (מָשִׁיחַ, *Māšîaḥ*), que significa "ungido". En español "Cristo" proviene del latín Christus, que a su vez viene del griego antiguo (Χριστός, Christós). Emmanuel, Cristo o Jesucristo debe haber nacido en torno a seis años antes de la llamada Era Cristiana, debido a que el monje Dionisio el Exiguo, nacido en Escilia Menor, entre Rumania y Bulgaria, en el año 460 o 465, y muerto en Roma el 545 o 550, a quien se encomendó modificar el calendario para que empezara con el nacimiento de Emmanuel, Cristo, Jesús o Jesucristo, cometió un serio error de cálculo y lo ubicó entre cuatro y ocho años antes de lo debido, además de que no tomó en cuenta el "año 0".

Dedujo de manera errónea que Jesús nació el año 753 "ab Urbe condita", cuando en realidad podría haber sido el año 748. Por otra parte, no es posible que haya nacido el 24 o el 25 de diciembre, puesto que el clima de Belén no lo habría permitido. Debe haber nacido en otoño, cuando su familia se había instalado provisionalmente en Belén por un censo ordenado por las autoridades romanas, que tampoco podría haber sido en diciembre. La Navidad no fue celebrada por nadie antes de los 300 años de la muerte de Cristo, y la fecha fue decidida arbitrariamente por las autoridades eclesiásticas porque la tradición judía fijaba, para los profetas, la fecha de fallecimiento y de su concepción en el mismo día y como se creía que Jesús había muerto un 25 de marzo, fijaron el día del nacimiento nueve meses después, el 25 de diciembre, lo que era muy conveniente por la llamada fiesta de Brumales, una celebración pagana dedicada al sol, fijada poco después del solsticio de invierno, que era precedida por la Saturnalia, que empezaba el 17 de diciembre y duraba 7 días, en honor al dios de la semilla y del vino, Saturno. Ambas tenían características parecidas a la que hoy conocemos en Occidente como Navidad. Al final de la Saturnalia, el 25 de diciembre, se celebraba el nacimiento del sol (Natalis Solis Invictis o nacimiento del sol invencible) personificado en el dios Mitra, cuya religión, de origen persa, era muy importante, posiblemente la predominante entre los soldados de la antigua Roma. De modo que la Iglesia buscó que la población ligara lo existente con lo que se quería que existiera, independientemente de que fuera cierto o no. Y en cuanto a la fecha de su muerte, no es posible asegurar que haya sido el año 33, por la misma razón que pone en duda la del nacimiento, aparte de que tampoco hay certeza de que haya muerto a la edad de 33 años, como parecen mostrar algunos textos bíblicos. Todo lo complica, además, el que por algunas décadas después de la muerte de Cristo el cristianismo se considerara apenas una no muy importante doctrina sectaria de las tradiciones judías ortodoxas. En buena parte todo eso sería consecuencia de la imperfección casi absoluta de la materia, que confunde y enreda todo lo que no es similar a ella. Además, Joshua o Emmanuel fue Rabino, y nunca pretendió ser otra cosa, quizás decidió que un comienzo muy humilde sería conveniente para el cumplimiento de su misión en la Tierra. Su vida humana fue breve, y al padre al que se refería era el Dios de los judíos, Yavé. No profesó otra religión que la judía. Solo tuvo unos tres años de vida pública, durante los cuales logró una cierta fama entre los israelitas, especialmente entre los pobres, pero sin duda irritó a todos los poderosos de su región, los romanos, los judíos ricos, los esclavistas, y gracias a eso logró lo que podría considerarse su propósito: ser inmolado para que su mensaje llegara a la gran mayoría de la gente. Fue perseguido, capturado, juzgado sumariamente y murió crucificado, que era la forma de ejecutar a los peores delincuentes de su época. Asumió su condena con mucha valentía y no hizo ningún intento de abdicar a lo que decía para salvarse, lo cual tuvo mucha importancia en cuanto a la opinión de sus seguidores sobre él. Y después de su muerte se produjo lo que lo diferenciaría definitivamente del resto de los mortales: resucitó y pudo probar, exhibiendo sus heridas, que había sido crucificado y muerto. Dejó un último mensaje entre sus discípulos y a los tres días ascendió, seguramente, al Centro Exacto del Universo, lo que debe haber tenido una relación clara con el fenómeno de la Pura-percepción. De inmediato esos discípulos, casi todos hombres muy humildes y sin recursos que les permitieran cumplir esa tarea, empezaron a difundir su doctrina no solamente en tierras de los judíos sino en otros espacios de la geografía. Se separaron de los judíos ortodoxos al establecer el bautizo y no la circuncisión como la forma en que un varón se uniera a su Iglesia y decidir que los paganos y creyentes de otras religiones podrían ser parte de esa Iglesia. Especial importancia tuvo que el que se podría considerar el jefe de ellos, Pedro (que aparentemente fue designado como cabeza de su pequeña iglesia por el propio Jesús), terminara en Roma, que en ese tiempo era considerada la capital del mundo occidental, en donde su prédica llegó a muchos humildes, muy especialmente a los esclavos, aunque también a los que vivían de sus manos y hasta a algunos nobles y potentes, y terminó imponiéndose sobre todas las creencias existentes. También Saulo o Pablo, un judío con ciudadanía romana, que no pudo conocer directamente a Cristo y hasta por un tiempo persiguió con saña a sus seguidores, pero se ante una aparición del propio Cristo se convirtió y se volvió el más eficiente de sus propagandistas, fue llevado a Roma y contribuyó a difundir la doctrina cristiana en el Imperio que, como dije, era "caput mundi", aunque solo del mundo europeo y su zona de influencia. El cristianismo primitivo fue en relativamente poco tiempo aceptado por grandes masas a pesar de ser inicialmente una religión minoritaria y perseguida. Según algunos analistas serios de la historia, el que Nerón culpara a los cristianos del incendio de Roma impulsó grandemente el crecimiento de la Iglesia. Ello puede haberse debido a la honestidad de los primeros cristianos y a que predicaba la fuerza de los débiles y los perseguidos, además del descrédito de las religiones toleradas por los romanos, así como a la percepción, alentada entre otros por los estoicos, de que debía hablarse de la existencia de un solo Dios (monoteísmo) y no de una cantidad enorme de dioses y semidioses que confundían a todo el mundo y exigían sacrificios a veces muy costosos. En realidad, es asombroso que una religión que nació entre los débiles en un punto nada estratégico ni importante del globo, haya crecido tanto que hoy, dos milenios después, es la más importante del orbe y está en casi toda la geografía mundial. Eso debería ser tomado muy en cuenta a la hora de pensar en Dios. Sobre todo porque ese mensaje de Cristo tuvo que ser difundido por medios materiales, y la materia todo lo corrompe. Esas son algunas de las razones que hacen que me sea muy difícil negar, o tratar de negar, que Cristo es el verdadero mensajero de Dios, función que comparte en gran medida con el Espíritu Santo, que debe ser el segundo de los Arcángeles, la segunda de las almas originarias, y con la Virgen María, que como dicen muchas oraciones, tuvo en su vientre a Jesús. En fechas relativamente recientes se ha discutido si Jesús tuvo esposa e hijos, y se ha dicho que se casó con María Magdalena, o María de Magdala (pueblo del que muy poco se sabe, aunque muy recientemente parece haber sido redescubierto por arqueólogos en Israel). No parece muy sensata la idea, y supongo que tenderá a restarle a Cristo cercanía a Dios. Por otra parte, no hay que descartar la idea de que todo lo relativo a la religión es humano, y si existe el Paraíso Universal y en él están las almas de los hombres, es posible que se organicen con un sistema parecido al de los humanos en la Tierra, pero solo en un sentido. No creo que haya nacionalidades ni nada por el estilo, sino algo que abarque toda la historia de la humanidad. Y en ese caso, Jesucristo podría tener autoridad, o mejor dicho, "autoritas", sobre una parte muy importante de las almas, pero no sobre la totalidad. Y esa parte es la misma que en su tiempo abarcó el Imperio Romano a la que se habrá sumado todo lo que recibió y recibe influencia occidental, que sigue sin abarcar una parte importante de la humanidad. Es algo que no podremos saber hasta no haber llegado al sitio. Discutirlo, tratar de aclararlo, no parece conducir a nada, como no sea a satisfacer la curiosidad intelectual de los que tienen algo de curiosidad intelectual, que tampoco forman la totalidad de los seres humanos.

Los Evangelios y los evangelistas

No existen, pues, noticias históricas propiamente dichas sobre Cristo. Lo que se puede (o se quiere) saber de su paso por este mundo proviene de fuentes fundamentalmente religiosas e intencionadamente propagandísticas, que son los Evangelios. La palabra griega εὐαγγέλιον (evangelion), se compone de εὖ (ev), bien y ἄγγελος (angelos), mensajero; enviado, nuncio, ángel, o sea el que anuncia una buena nueva.

Fueron escritos por cuatro autores: Mateo, Marcos, Lucas y Juan.

Mateo escribió especialmente para los judíos que esperaban la llegada del Mesías, el prometido. Fue un galileo nacido en Cafarnaúm, y se le conocía como Leví o Mateo, hijo de Alfeo. Era publicano o recaudador de impuestos para los romanos, lo que lo hacía odioso para los judíos, y sin embargo Cristo le pidió que se incorporara a su grupo. Para hacerlo dejó del todo a su familia, renunció a sus riquezas (que eran considerables) y abandonó del todo su oficio. El día de su incorporación a la partida de Cristo ofreció una importante comida a la que invitó a los discípulos de Jesús, a sus amigos publicanos y muchos poderosos de su zona. De inmediato empezó a trabajar para Pedro y los otros, y se distinguió por su cultura y su facilidad de palabra. En ese momento Jesús había "reclutado" como discípulos a seis personas: los dos hijos de Jonás, Simón y Andrés, los dos hijos de Zebedeo, Santiago y Juan, y Felipe y Bartolomé; todos simples pescadores galileos sin fortuna y sin cultura, Entre ellos no había sacerdotes ni escribas ni fariseos ni rabinos. Llama la atención que buscara a un publicano rico, que podía resultar odioso. Los publicanos eran simples subordinados de las autoridades invasoras, cobradores de impuestos para el Imperio, y en general eran vistos con desprecio. La condición de publicano era comparable con la de los criminales y las prostitutas. Una de las acusaciones que hicieron contra Jesús se basaba en eso de haber seleccionado como discípulo a un enemigo del pueblo judío, un traidor. Sin embargo, fue una decisión sabia, Mateo fue el autor de la más antigua recopilación de dichos y hechos memorables de Jesús, el primer evangelio, escrito en arameo para los conversos de Palestina. Después de la muerte de Cristo se separó de sus compañeros y fue a predicar en Judea y países vecinos. Murió en Hierápolis, Turquía.

Marcos, por su parte, escribió más bien para para los romanos, y presentó a Cristo como un poderoso conquistador. Nació en Jerusalén, hijo de la viuda belemita llamada María, discípula de Juan Bautista y de Jesús y muy comprometida con su movimiento político-religioso, tenía una alta posición en Belén y era dueña de una gran casa y del huerto y jardín llamado Getsemaní, en Jerusalén. Fue en esa casa en donde Jesús y sus discípulos celebraron la última cena antes de ir al huerto de Getsemaní, en donde Jesús rezó a escondidas, mientras sus discípulos dormían. La casa se utilizó para reuniones y actividades clandestinas de algunos apóstoles después muerto Jesús. Cuando Jesús fue arrestado Marcos estaba con él, y al huir para no correr la misma suerte perdió la sábana que lo envolvía y corrió desnudo por la vía pública. Era primo de Bernabé, una de las grandes figuras de la Iglesia primitiva. Bernabé era un levita de Chipre, por lo que Marcos perteneció a la colonia chipriota de Jerusalén y fue levita, como su primo. Fue discípulo de Pedro y luego de Pablo, pero no lo fue de Jesús. Inició su actividad evangélica cuando Bernabé y Pablo viajaron de Jerusalén a Antioquía llevándolo consigo. En Chipre Bernabé y Paulo predicaron en las sinagogas, con Marcos como auxiliar o diácono. Una vez evangelizada la isla, Marcos se separó de los otros dos y regresó a Jerusalén, pero después regresó a Chipre con Bernabé. Diez años después se fue a Roma y le sirvió de intérprete de Pedro. Y fue entonces cuando escribió su Evangelio. También fue auxiliar de Pablo y fundador y primer obispo de la Iglesia de Alejandría. Es posible que haya estado en India. Predicó en Egipto, fundó una escuela cristiana y murió en Alejandría, probablemente en el año 68. Algunos sostienen que fue martirizado y otros creen que su muerte fue por causas naturales.

Lucas, el más culto y preparado de los evangelistas, escribió especialmente para los griegos, y presentó a Cristo como el ideal del hombre perfecto. No era judío sino pagano, y era médico en Antioquía. No conoció personalmente a Jesús. Se convirtió al cristianismo a instancias de Pablo de Tarso, de quien era médico personal. Desde el año 50 viajó con Pablo, que sufría de epilepsia. Fue, de los evangelistas, el más cercano a la idea de un historiador, pero también fue misionero. Escribió una historia en dos tomos sobre los orígenes del cristianismo además del evangelio y los hechos de los apóstoles. Como misionero basta recordar sus correrías. Tras la muerte de Pedro y Pablo, siguió predicando en Macedonia, Acaya y Galacia y se cree que falleció en Beocia y fue enterrado en Tebas. Sus prédicas fueron muy importantes para la difusión del cristianismo pues Antioquía (Siria) fue una ciudad estratégica y el epicentro de importantes sucesos bíblicos. Ubicada a poca distancia del Mediterráneo, en donde actualmente se encuentra la ciudad turca de Antakya, al norte de Siria. Por allí pasaban las rutas comerciales que venían del Oriente, del Éufrates, al Mar Mediterráneo, y viceversa. Era sitio obligado de parada para políticos, comerciantes viajeros, hombres de negocios, etcétera. Era un punto especialmente importante del mundo antiguo. En el año 64 a. C., Pompeyo convirtió a Siria en una provincia romana y Antioquía fue su capital, y como tal, la tercera ciudad del imperio, después de Roma y Alejandría. Era una gran metrópoli, muy avanzada para su época, y el que se constituyera allí un núcleo cristiano fue de primera importancia para la difusión del mensaje de Jesús. Fue allí donde los seguidores del Mesías, Cristo en griego, se llamaron por primera vez cristianos. Y allí Pablo y Bernabé iniciaron la internacionalización de la iglesia cristiana. Fue el punto de partida de los tres viajes que Pablo emprendió para enseñar el mensaje de Jesús a personas judías y no judías, por todo el mundo conocido de aquel entonces. De allí la especial importancia del trabajo de Lucas.

En cuanto a Juan, autor del más completo de los Evangelios, que en buen grado difiere de los otros tres, se discute si era el hijo de Zebedeo o "Juan el Antiguo", pariente cercano de la Virgen María. Su texto es el único que habla de las bodas de Caná, el encuentro con la Samaritana, el lavatorio de los pies. Presenta a Jesús como el Verbo, la Palabra de Dios. Está escrito más bien para gentes cultas de todo el Imperio que para las gentes simples de tierras judías y zonas cercanas. En realidad, la historia personal de Juan el Evangelista no está bien documentada. Si es, como acepta la mayoría, Juan el discípulo más amado de Jesús, es posible que haya nacido en Éfeso, la actual Salçuk, en Turquía. Se le atribuye la autoría del cuarto Evangelio, de las cuatro Epístolas que llevan su nombre y del libro del Apocalipsis. El Evangelio de San Juan relata, de forma detallada, varios aspectos de la vida de Jesús y su redacción suele fecharse entre los años 90 y 100 lo que contradice su autoría. Puede haber sido el hijo de Zebedeo, un pescador de Galilea, y de Salomé, quien frecuentaba el círculo de discípulos de Jesús. Según la tradición cristiana, Juan Evangelista fue, junto a su hermano Santiago uno de los primeros apóstoles de Cristo. Se cuenta que Jesús los llamaba "boanerges" ("hijos del trueno") debido a que eran muy impetuosos. Ambos, junto con Simón, a quien Cristo renombró Pedro, formaban el núcleo más íntimo de Cristo. Juan Evangelista acompañó a la Virgen María al pie de la cruz cuando murió Cristo. Ocupó una posición relevante entre los discípulos. Pero no está claro cuál fue su actitud en la primera controversia, la primera del cristianismo acerca de si los gentiles habían de ser admitidos o no a la fe de Cristo, en la que triunfó el punto de vista ecuménico (universal) de San Pablo. Poco se conoce de la historia posterior de Juan. Se supone que fue responsable de la evangelización de Asia Menor, por lo cual fue castigado por los romanos. El pasaje de San Marcos (10:39) en el que Cristo dice a los hijos de Zebedeo que beberían el cáliz de su pasión dio pie para escribir que Juan había sido arrojado a una caldera de aceite hirviendo de la que escapó milagrosamente. Otra tradición aseguraba que no murió, sino que fue ascendido al cielo, como Elías. Se duda menos que haya escrito su Evangelio, a pesar de que no fue un hombre culto, así como sus Epístolas, que fueron redactadas en Éfeso (Asia menor), tal como el Apocalipsis, escrito en la isla de Patmos, en el mar Egeo. En ellos utilizó un lenguaje doctrinal y simbólico de gran altura teológica. Por mucho tiempo varias ciudades han afirmado que en ellas están los restos de San Juan. Parecería que fue enterrado en Éfeso, y el obispo de la localidad, en el siglo II d. C., dijo haber identificado su tumba. En el siglo VI, la iglesia de Éfeso aseguró que poseía el manuscrito original del cuarto Evangelio. Es, sin embargo el evangelista sobre el que se tiene menos información más o menos comprobable.

En todo caso, los cuatro Evangelios son el comienzo de una de las aventuras más importantes que ha conocido la humanidad.

II

Morfología del Universo

El Centro Absoluto del Universo

En mis trabajos anteriores he sostenido que después del "Big Bang", cuando nuestro Universo se haya expandido hasta el punto en donde las fuerzas que lo cohesionan ya no puedan mantenerse, desaparecerá, posiblemente al producirse lo contrario de lo que había venido sucediendo, es decir, todo empezará a encogerse. Toda la materia empezará a deshacerse y todo a volver a ser como era cuando empezó la expansión, pero a una velocidad mucho mayor que la que usó para expandirse. Eso es lo que se ha denominado el "Big Crunch", y todo volverá al punto desde donde partió hace varios millones de años. Ese punto exacto, que al iniciarse la expansión contenía la totalidad de los elementos que constituyen el Universo, no debe ser más grande que un balón de fútbol (aunque también podría ser del tamaño del planeta Tierra o hasta mayor), y habrá permanecido del mismo tamaño durante esos millones de años en que el Universo se expandió y se encogió hasta regresar a lo que era cuando todo empezó.

Lo único diferente entre el comienzo y el final será la presencia de las almas, las no originarias, las que fueron creadas a partir de un determinado instante del proceso de expansión para crear la vida. Es un fenómeno que solo puede comprenderse, y a medias, si se trata de imaginar lo que es un Agujero negro. En esos trabajos, tal como en este, he insistido en que las almas no son etéreas ni nada misterioso, sino bosones, mínimas partículas elementales u ondas, muy similares o iguales a las que forman el Universo, y unas, las originarias, las he definido como las verdaderas partículas de Dios, las que Dios usó como modelo, por una parte, e instrumento para crear todas las demás por la otra, por lo tanto, podría decirse aunque no son lo primero que Dios creó, sí lo son. Igualmente he dicho que tanto las originarias como las no originarias son el primer escalón de la degradación de la Energía Pura o Perfecta y, como acabo de decir, las originarias fueron los instrumentos usados por Dios para la expansión del Universo o "Big Bang". De todo eso se desprende que un alma no es corpórea, no tiene masa, no pesa, no puede verse, pero es de una importancia inimaginable dentro de la Creación. Y de eso puede inferirse que el "Big Crunch" o retorno de todo al punto de partida, al Centro Absoluto del Universo, no va a ser una lluvia de piedras o de árboles o de animales o de cualquiera cosa material, sino el regreso de sus componentes, el regreso de esos componentes mínimos, los bosones y los fermiones que, por decirlo de alguna manera, echaron a volar en todas direcciones hace varios millones de años, que no tienen la más mínima similitud con granos de polvo o de arena, sino que son ondas o partículas que no ocupan espacio, de modo que el balón de fútbol o el planeta parecido a la Tierra no va a alterar su tamaño ni las almas, originarias o no, van a estar en peligro o a tener que protegerse de una lluvia de materia. Será como si sobre nuestras cabezas cayera muy lentamente aire venido de la atmósfera, y hasta menos. Son los mismos elementos que salieron en todas direcciones hace mucho tiempo. O como ocurre en la actualidad con los neutrinos, que caen continuamente sobre el planeta sin que nos afecten para nada. Todo el proceso de llegada, que posiblemente durará muy poco, quizás menos de un segundo terrestre, va a estar inevitablemente ligado a la Pura-percepción de que habla Schrödinger en su Ecuación. Se entiende porque no podemos ver ni palpar una partícula elemental. Ni siquiera un átomo, aunque sabemos que existen. Y como tampoco sabemos si ese árbol que vemos existe de verdad, solo lo percibimos, como percibimos la materia. Y eso será mucho más importante en el Centro Absoluto del Universo, en donde las almas, tanto las originarias como las no originarias, ni siquiera se darán cuenta de que han retornado todos y cada uno de los elementos que se alejaron en el momento en que se inició la inflación. La materia habrá dejado de ser y nunca más se recompondrá: ya cumplió con su tarea, que no era otra que facilitar la creación de las almas no originarias para que estas a su vez creen la vida que hará menos rápida la destrucción de Universo. Pensado en términos estrictamente humanos, eso era lo que Dios quería y para eso ha hecho que cada Universo se expanda y hará lo mismo con otros Universos, una y otra vez, y una vez completado cada ciclo, ya no hay la más mínima necesidad de materia, y todo volverá a ser Energía pura, Energía que irá desde la Perfecta hasta le última que no genera materia ni nada que pueda ser asimilado a la materia. De esa Energía, y solo de ella, estará poblado por toda la Eternidad el Centro Absoluto del Universo, eso que comparado con un balón que por pura comodidad y a falta de un nombre mejor hemos preferido llamar Paraíso.

Las almas en el Paraíso

En mis dos trabajos anteriores he hablado largamente de las almas originarias y las almas no originarias, he preferido mantener la nomenclatura usual, aunque levemente modificada, y llamar a las almas Arcángeles, Ángeles y almas simplísimas. La imaginación humana atribuyó al término "ángel" la condición de "seres creados de luz y dedicados totalmente al servicio de Dios, por cuyo mandato realizan determinadas tareas, como introducir el alma en el cuerpo de los neonatos, recoger el alma de los que mueren, registrar determinados hechos de la vida o servir de mensajeros divinos". Es, como podemos comprobar, atribuir a Dios características humanas, como mandar a cumplir determinadas tareas. Y en cuanto a los Arcángeles, los consideraron sencillamente una jerarquía de Ángeles, los que están por encima de los otros, tal como ocurre en la humanidad. Así lo indica el prefijo apocopado "Archi" (se trata del elemento radical "archi" viene del griego αρχι- arkhi, arje, archí, ser el primero, mandar; es un lexema, usado por lo general como prefijo de vocablos compuestos, que unido a sustantivos denota preeminencia o superioridad), como en "Arzobispo" con relación a los Obispos, Archiduque, en relación con los duques, aunque también puede denotar pluralidad como en Archipiélago en relación a piélago o isla. Los Arcángeles, pues, estarían por encima de los Ángeles y formarían algo así como el Gabinete Ejecutivo de Dios, o un parlamento en un régimen parlamentario, pero Dios no es un rey ni un presidente ni un primer ministro ni gobierna. En cambio es coherente suponer que los Arcángeles sean las almas originarias, creadas directamente por Dios en el instante mismo de la Creación, sin ninguna separación temporal (ignorando lo afirmado por San Agustín de que todo fue creado en el mismo instante, bien como esencia, bien como potencia). Los Arcángeles empezaron a actuar en el mismo momento de la creación del Universo (o de nuestro Universo), si es que se puede usar la palabra "momento", y los Ángeles, en cambio, fueron apareciendo mucho después, cuando Dios "dispuso" la aparición de los seres racionales. O, si se quiere, las almas que denominamos Arcángeles fueron creadas también como potencias, para activarse en el momento en que debía iniciarse el "Big Bang", lo que se haría por efecto del movimiento que altera la famosa Ecuación de Einstein ($E = m.c^2$), Energía es igual a masa multiplicada por la velocidad de la luz al cuadrado, que expresa algo en reposo absoluto, sin ningún tipo de movimiento, y que al haber el más mínimo movimiento, se produce el crecimiento brutal de la Energía y de la masa, lo que por comodidad nos permite acercarnos a la causa del "Big Bang", aunque en realidad no lo sea. Los Ángeles, por su parte, fueron creadas como potencias y son algunas de las almas no originarias, creadas por medio de los recursos dispuestos por Dios en la naturaleza: reproducción asexual, sexual, etcétera. Algunas almas serían simplísimas, otras, en cambio, serían muy complejas por tener Consciencia y memoria compleja, y estas últimas serían los Ángeles. De modo que cada ser humano, posiblemente a diferencia de cada microbio, cada árbol, cada organismo, al morir se convierte en Ángel y pasa a existir en la Eternidad. Mientras que los demás seres vivientes son simplemente almas, pero no Ángeles, y también llegarán a la Eternidad pero más cerca de ser cosas que de ser seres animados. En lo de volverse Ángeles en disfrute del Cielo pienso que habría notables excepciones: se exceptuarían los seres definitivamente malvados e incorregibles, como Gengis Kahn, Calígula, Atila, Hitler, Stalin, Lenin, Mussolini, Mao, Pol Pot, Kim Il-sun, "Chapita" Trujillo, Fidel Castro, el "Che" Guevara, Pinochet, Hugo Chávez, etcétera, personas torcidas que dañaron a mucha gente y cometieron muchísimos crímenes con sus egoísmos y sus perversidades, o los que se ha dado en llamar "asesinos en serie", o los delincuentes de cuello blanco que arruinaron a familias enteras, o los que sin ser banqueros ni personas aparentemente influyentes engañaron a centenares o miles de personas, o los delincuentes comunes que mataron o dañaron a muchas personas aún sin ser poderosos, y que por lógica elemental no pueden estar ni en el Paraíso ni en parte alguna cerca de la gente que no cometió tropelías ni remotamente parecidas, es decir, de los Ángeles. En el Cielo, que es apenas una parte del Paraíso, no puede haber nada negativo. Ese tema lo tocaremos en detalle más adelante.

Las otras almas humanas

Hace entre 1.000.000 y 39 o 40.000 años existieron en Europa y Asia unos seres no humanos distintos a nosotros, pero con muchas características similares a las nuestras: los Neandertales y los Denisovanos. La ciencia ha llamado a los primeros Hombres de Neandertal (Homo neanderthalensis), y no se sabe si compartían origen con el Homo sapiens y los Denisovanos. Los Neandertales estaban dotados de alma, tal como nosotros, eran capaces de pensar y muy posiblemente de hablar y hasta de tener Consciencia, y en muchos casos se cruzaron con sus primos primitivos, como el hombre moderno, al extremo de que la humanidad actual tiene en su genoma una porción fundamental de genes neandertal. Se cree que eran de piel blanca y cabello liso, más robustos que los seres humanos actuales, pero más bajos y con las extremidades más cortas. Su cráneo tenía doble arco ciliar, su frente era huidiza y tenían poco mentón. Su capacidad craneal era superior a la nuestra. Usaban herramientas, cazaban en grupo y con lanzas. Como omnívoros comían una amplia variedad de alimentos, como pescados, mariscos, vegetales, etc. Practicaban costumbres que bien podríamos llamar civilizadas, estaban mejor dotados que el hombre moderno para el clima de las zonas templadas, y sin embargo, desaparecieron del planeta. ¿Por qué se extinguieron? Se habla de causas naturales, se dice que fueron incapaces de adaptarse a severos cambios climáticos que sobrevinieron hace unos cuarenta o cuarentaicinco mil años, pero también es muy posible que hayan perecido por no reproducirse lo suficiente y por causa de la expansión del hábitat del hombre moderno. El último espacio en el que estuvieron fue, probablemente, Gibraltar.

En 1829, en Engis (Bélgica), y en la Cantera de Forbes (Gibraltar) en 1848, se encontraron fósiles que después se reconocerían como neandertales, pero fue en 1856, cerca de Düsseldorf, en el Valle de Neander, en la Cueva Feldhofer, tres años antes de que Charles Darwin publicara su "Origen de la Especies", cuando Johann Karl Fuhlrott encontró los restos que Hermann Schaaffhausen describió. Por cierto, bien puede decirse que ese fue el comienzo de la paleoantropología. En 1864 William King sistematizó los hallazgos y proclamó que se trataba de una nueva especie humana.

En realidad pueden haber aparecido hace unos 230.000 años, y en todo caso precedieron al Homo sapiens en su migración, y rápidamente se adaptaron a su nuevo entorno, para lo cual perdieron melanina en la piel, es decir, se blanquearon, para absorber con más facilidad la luz solar que era mucho más escasa en Eurasia que en África, y también su pelo se convirtió en liso para protegerlos mejor del frío, y, desde luego, adquirieron costumbres sociales importantes que les permitieron vivir y sobrevivir con más facilidad. Pero nunca alcanzaron a ser demasiados. En Europa no pasaron de entre 7.000 y 20.000 individuos, lo cual fue una gran desventaja frente a la especie que les disputó el territorio, la especie humana a la que pertenecemos actualmente.

Todavía se debate lo relativo a la fecha de su extinción. En 2014 el inglés Thomas Higham (Oxford) determinó los últimos restos neandertales en unos 39.000 años, cinco milenios después de la llegada del Homo sapiens, que coincidiría con una glaciación. Otros métodos de datación coinciden con esa idea, pero en apariencia la influencia del clima no tuvo en realidad mucha importancia, en tanto que sí la tuvo la presencia del hombre moderno. Recientemente se comprobó que tenían habilidades como para tallar en las rocas ciertas señales, precursoras de la escritura, pero finalmente no pudieron desarrollarlas del todo.

Otra rama de hombres (Homo), hoy totalmente extinguida, es la de los llamados Denisovanos a partir de la zona en donde fueron encontrados los primeros fósiles, en Siberia, que al parecer vivieron desde hace 1.000.000 de años hasta hace unos 40.000, lo que implica que convivieron con los Neandertales y los Homo sapiens, con quienes compartían el ancestro africano. También se hibridizaron con las otras dos ramas, y en la actualidad se han encontrado rastros de su ADN en poblaciones Asia y Oceanía. En todo caso, se sabe que hace unos 640.000 años se diferenciaron claramente de los Neandertales. Todo indica que pudieron desarrollar el habla, como sus parientes cercanos Neandertales y humanos, con quienes se mezclaron ampliamente.

Tampoco se sabe a ciencia cierta cuál fue la causa de su extinción, aunque el hecho de que casi corresponde en el tiempo a la de los Neandertales puede significar que la razón fue la misma, lo que refuerza la tesis de que se debió a la agresiva presencia en masa del Homo sapiens, es decir, nosotros.

La pregunta que hay que hacerse es ¿cuál habrá sido el destino en la Eternidad de esos primos del hombre moderno? Y la respuesta es muy simple: muy posiblemente descienden de los mismos animales primitivos que son nuestros antepasados, fueron capaces de pensar y probablemente de hablar, tuvieron almas complejas, con Consciencia y con memoria compleja, por lo tanto es seguro que están en el

Paraíso, repartidos entre el Cielo, y el Purgatorio, y con las mismas expectativas que los humanos. Deben estar en zonas muy específicas que les serán propias, no mezclados con los humanos, pero no por razones de discriminación sino porque la frecuencia de vibración de sus almas debe ser distinta a las de los humanos, pero, en resumen: son almas como las nuestras.

Las emociones y el amor en el Paraíso

Las emociones se definen como sentimientos o percepciones de los elementos y relaciones de la imaginación o la realidad, que se expresan físicamente por medio de alguna función fisiológica, como puede ser el llanto, o la agresividad y hasta el "stress", y tienen una función adaptativa del organismo a lo que lo rodea. Sobrevienen de manera brusca como crisis que pueden ser violentas o pasajeras. Desde el punto de vista fisiológico, organizan rápidamente respuestas de distintos sistemas biológicos, como la expresión facial, la voz, la musculatura y, sobre todo, el sistema endocrino, con el fin de establecer un medio interno óptimo para lograr el comportamiento más eficiente. Los estados emocionales son causados por la liberación de neurotransmisores u hormonas que convierten las emociones en sentimientos y sirven para establecer la posición del individuo con respecto al entorno. Según el psiquiatra y escritor español Emilio Mira y López (Santiago de Cuba 1896 – Río de Janeiro 1964), autor de "Los cuatro gigantes del alma", el hombre comparte con el resto de los animales superiores tres emociones: el miedo, al que llama "Gigante Negro", la ira, que sería el "Gigante Rojo" y el amor, al que llama "Girante Rosa". El miedo, explica, se nutre de la carencia, y es indispensable frente al peligro para preservar la vida, bien mediante alguna forma de escape o de huida, o bien mediante una reacción agresiva. La ira, que es destructiva, se alimenta de la reacción ante el miedo y puede hacer que se pierda el control y llevar a alguien a matar a quien le ha producido el miedo. En tanto que el amor, que en ese caso se relaciona con únicamente el sexo, es el sentimiento que conduce a la reproducción. Mira y López agrega un cuarto "gigante", que es el Deber (el "Gigante Incoloro") y sería exclusivo del ser humano. Es una emoción que llena el camino del hombre de obligaciones y puede producir la satisfacción de haber cumplido o el arrepentimiento por no haberlo hecho. Es, además, el único capaz de contrariar los impulsos vitales y proceder de manera opuesta a las ganas inmediatas, y además posee la energía suficiente para resistir y hasta vencer a los otros tres gigantes.

Es evidente que las causas y efectos de las emociones son de orden estrictamente corporal, fisiológico, y nada tienen que ver con las almas, y por tanto no podrían existir en el Paraíso. Y ni siquiera el Deber, que es tan importante en la Tierra, tendría razones para existir en la Eternidad: todo el que llegó al Cielo ya cumplió satisfactoriamente con sus obligaciones, y los demás ya dejaron pasar su oportunidad. El amor, al ser puramente sexual, es decir, físico y destinado a la reproducción, evidentemente no puede ser la excepción, pero el amor sexual, el amor físico, no es, ni mucho menos, la única forma en que existe el amor. Según el sociólogo, académico y ensayista canadiense John Alan Lee (1933-2013) existen seis clases de amor entre los seres humanos, que denominó "Eros", "Ludus", "Storge", "Manía", "Pragma" y "Ágape". El primero de ellos ("Eros"), sobre el que muchos psicólogos han escrito océanos de páginas (entre ellos Freud), parecería el más importante en la vida terrenal, pues su objeto no es otro que la preproducción y la creación de nuevas vidas. Se manifiesta por la atracción física entre un hombre y una mujer (o entre dos hombres, o entre dos mujeres, pero en estos casos su objeto no es la creación de nuevas vidas sino el placer en sí). Y algunos lo dividen en dos categorías: Amor romántico y Amor sexual. Podría decirse que el Amor romántico desemboca en el Amor sexual, y que al principio suele ser muy apasionado pero con el tiempo se va morigerando hasta convertirse más bien en afecto, sobre todo cuando se comparten elementos muy importantes como los hijos de la pareja. En el amor lúdico ("Ludus") las personas buscan aventuras y diversión. En él aparece también la atracción física, pero posiblemente más inmediata y menos profunda. No tiene contenido emocional ni mucho menos romanticismo. Dura hasta que el aburrimiento lo disuelve y uno de los miembros de la pareja, o los dos, se aleja en busca de una nueva experiencia. "Storge", o amor-amistad, se basa en la lealtad, el compañerismo y la amistad. Se mantiene por el entendimiento mutuo y el deseo de disfrutar de la compañía de la otra persona, por lo tanto, lo sexual suele permanecer en segundo plano y hasta desaparecer. Es una forma de amor maduro y duradero. El "Eros" suele transformarse en él. "Manía" sería algo así como la combinación de "Eros" y "Ludus", en el que se presenta una dependencia emocional casi obsesiva, y suele presentarse en personas con muy baja autoestima que necesitan sentirse amadas. Se apoya en los celos y la posesión, y como tiende a ser psicótico, puede terminar abruptamente y hasta con uso de la violencia. El "Pragma" o amor pragmático suele combinar "Ludus" y "Storge", es decir, aventura y amistad. La pareja buscan intereses comunes y enfrenta el amor desde un sentido realista y práctico. En él hay un elemento racionalista que lo convierte en costumbre, por lo que puede ser muy duradero. Y por último, el llamado "Ágape", palabra relacionada con fiesta, es una combinación de "Eros" y "Storge", y se puede calificar de desinteresado. Tiene mucho de fraternal y se apoya en el compromiso y el altruismo. No puede haber en él algo parecido a celos o a posesividad. Por lo tanto, lo sexual, lo físico, o no aparece o desaparece pronto, y solo queda el compañerismo. Es evidente que en el Cielo no puede haber amor sexual, puesto que no hay materia y por lo tanto no hay nada carnal. Eso dejaría como única forma de amor al llamado "Ágape", aunque es factible que también subsista "Pragma" y hasta "Storge", pero en ningún caso "Ludus" ni "Manía". En el Cielo no puede haber nada parecido a lujuria. Sin duda, todo esto es una simplificación difícil de sostener y se refiere únicamente a la relación de parejas, porque en el Cielo han de tener preferencia el amor filial, el amor fraternal y todas las formas nobles e indiscutibles del amor desinteresado.

Los sentimientos, en definitiva, existirán en el Cielo por obra de la memoria, tanto de la memoria individual como de la memoria colectiva y, por tanto, no tendrán los mismos efectos que en la Tierra.

Los rostros del Paraíso

El alma, que en cierta forma "gobierna" al cuerpo, para hacerlo se ve obligada a esconderse en medio de la materia, de la masa, razón por la cual se aísla del medio ambiente y pasa a depender de los sentidos que utiliza el cerebro, que es enteramente material, para comunicarse con lo que lo rodea. Así, todo lo que hace o percibe un cuerpo no es otra cosa que una imitación muy imperfecta de lo que puede existir en el Paraíso. Pero eso no es otra cosa que temporal: dura mientras el alma esté aprisionada en el cuerpo. Cada alma, una vez llegada al Paraíso, accede a su memoria plena que yacía en el cuerpo que la envolvía, o, para decirlo de otra manera, que yacía en su inconsciente, lo que le permite entre otras cosas usar el idioma Universal y enterarse de todo lo que les sucedió a sus antepasados desde tiempos ocultos en tinieblas. Y para que el resto de las almas la reconozca y se comunique con ella, proyecta su propia imagen que he comparado con un holograma, aunque no tiene nada que ver con un holograma. Se trata de una imagen basada en dos elementos: la imagen prevista para cada ser, sin defecto alguno proveniente de problemas congénitos, enfermedades o accidentes, y en su momento de plenitud, que en el caso de los seres humanos sería más o menos a los veinticinco años de edad, y la guardada en la memoria, tanto la individual como la colectiva de todos los que vieron a la persona durante su vida. En la imagen, y sobre todo en la voz, intervendrán también las memorias de todos los que conocieron a la persona mientras vivió. Todo ello directamente relacionado con la Pura-percepción. Los nonatos y los que murieron antes de hablar tendrán la imagen y la voz prevista en el momento de su creación o concepción. Eso significa que en el Paraíso se ven personas de todos los grupos étnicos que han existido desde que el hombre se convirtió en tal. Negros, blancos, amarillos, y con cabelleras de todos los colores y formas existentes. Por otra parte, es evidente que con el sistema de selección natural, de aquellos animales muy parecidos a los primates, que fueron seleccionados inicialmente, se han desprendido múltiples formas, pues el paratipo ha ido variando al genotipo hasta que se definieron muchísimos fenotipos. Y, como quiera que los Arcángeles, las almas originarias, seleccionaron a una especie determinada para dotarla de almas complejas, con Consciencia y memoria también compleja, y hay que presumir que seleccionaron la que les parecía que con el tiempo se asemejaría más a ellos. A partir de allí hay que preguntarse ¿cómo son en realidad las almas originarias? Desde luego que deben o pueden tener dos piernas y dos brazos, así como dos pies, dos manos, y quizás dos orejas, dos ojos, posiblemente una boca y no necesariamente una nariz. Es imposible saber si son más altos o más bajos que el promedio de la humanidad actual. Y lo de las alas no pasa de ser un disparate, puesto que al no haber atmósfera no se puede volar como las aves o los murciélagos. Lo primero que se me viene a la mente es que los Arcángeles deben ser más parecidos a los africanos actuales, o a los aborígenes de Australia, o a algunos indios de piel oscura, que a los europeos y otros seres humanos de piel clara. La piel clara es el resultado de la no exposición continua de los individuos a los rayos del sol durante muchas generaciones. Por selección natural, en zonas alejadas del Ecuador terrestre, sobrevivieron preferentemente aquellos que fueron perdiendo la melanina, pues así aprovechaban más y mejor el calor solar. Se sabe que la humanidad –nuestra humanidad actual– nació en África, y en una zona en la que los homínidos, los primates que se convirtieron en seres humanos, necesitaban la piel oscura para protegerse del sol excesivo. Por lo tanto, los Arcángeles deben haber escogido especímenes de piel oscura, cuyos descendientes en otras latitudes mutaron hasta convertirse en seres de pieles claras o intermedias. Lo mismo puede decirse del pelo que cubría sus cuerpos, que en la parte superior debía ser muy rizado para protegerlos del clima caliente y de cierto tipo de vegetación, pero que al cambiar de ambiente se convirtió en cabelleras lisas o apenas onduladas. Igual debe haber ocurrido con los labios, gruesos y carnosos en el África, pero modificados en otras regiones del mundo. O los ojos, que en algunas regiones de nieves perennes desarrollaron párpados gruesos para protegerse de la luz excesiva y permanente. Hay que tomar en cuenta que en la memoria individual de cada alma están todos y cada uno de sus antepasados, a partir de aquellos seres muy primitivos a los que los Arcángeles les implantaron almas complejas con Consciencia y con memoria, de modo que todos los seres humanos pueden repasar fácilmente la historia de la humanidad desde sus memorias individuales y desde la memoria colectiva, no le va a parecer extraño encontrar entre sus antepasados seres muy primitivos, como la famosa Lucy o cualquiera de los ejemplares que los investigadores han descubierto en el continente africano y otras regiones del mundo. A todo esto hay que agregar que las imágenes proyectadas por cada alma deberían estar desnudos, pero lo más probable es que no sea así: esas imágenes provienen de la propia memoria y de las memorias de quienes los vieron en vida, por tanto, deberían estar con las vestiduras propias de su tiempo, aunque la desnudez no tendría ningún efecto parecido a los que tiene en la Tierra: al no haber materia no hay cuerpos ni órganos, y, por tanto, no hay sexo, y al no haber sexo desaparecen por completo la libido y el deseo, tan importantes para el amor y la reproducción, pero el amor permanece, sublimado y mucho más puro y perfecto, y también los elementos que contrarrestan el deseo y la libido, que son el pudor, la modestia y la vergüenza, que están profundamente arraigados en el alma humana y resisten a las tentaciones, de modo que esos elementos deberían prevalecer y, a partir de la memoria, tanto la individual como la colectiva, la imagen proyectada por cada alma debe ser la que usualmente aparecía, sobre todo en público, durante su vida. Y, por último, avanzando grandes trancos de tiempo y aunque parezca no tener relación directa con el tema que estamos tratando, es importante pensar en la forma humana que adquirió Cristo al encarnarse, que poco o nada debe haberse relacionado con los rubios germánicos o los europeos en general: si seleccionó la tierra de los judíos para nacer entre ellos, su aspecto tiene que haber sido muy similar a los judíos de esas tierras, además de que debe haber heredado mucho de la Virgen María y sus antepasados, por tanto debe haber tenido el pelo muy negro y la barba muy negra y rizada, los ojos oscuros, la piel un tanto aceitunada y la nariz grande. Sé que estos temas pueden parecer banales y muy parecidos a los que discutían los sabios de Bizancio mientras su mundo caía en poder de los invasores, pero son temas fascinantes si queremos entender lo que nos espera después de la muerte del cuerpo, que no es algo banal en absoluto.

Los objetos en el Paraíso

Lo anterior no significa que, una vez completado el proceso de estiramiento y encogimiento del Universo ("Big Bang" y "Big Crunch"), no exista nada de materia ni de masa, y por lo tanto objetos y elementos materiales, en el Paraíso Universal. Desde luego, lo más posible es que solo existan como Pura-percepción y a partir de la memoria de los Ángeles y Arcángeles, pero también es posible que hayan estado allí desde siempre, desde la Creación, inicialmente para uso de los Arcángeles y luego para el de los Ángeles. También hay que pensar que al no haber cuerpos ni sentidos nada puede ser palpado ni nada por el estilo, salvo lo que resulte de la Pura-percepción. También es posible que Arcángeles y Ángeles inventen objetos para mejorar su existencia, invenciones que no son de Dios, sino de quienes las crean, en lo que puede compararse a la relación que existe entre las almas originarias, que fueron creadas directamente por Dios, y las no originarias, que son creadas por el contacto entre sus progenitores o por la mitosis. Como también es posible que un número muy limitado de partículas elementales, después de su regreso al

Centro Absoluto del Universo, haya asumido conductas parecidas a las que tuvieron en el Universo en expansión y hayan creado materia, masa y objetos. Pero esto último no es muy sensato, porque alterará la esencia del Paraíso, tanto de lo que fue antes del "Big Bang" como lo que será después del "Big Crunch". Sin embargo, habría que reconocer que la sola existencia del balón implica que desde el mismo momento de la Creación hubo interacción entre los elementos básicos, las partículas u ondas, y algo de materia y masa había, aunque nunca en la misma forma en que las conocemos en la Tierra.

Las zonas pobladas del Paraíso

El pequeño globo que hemos convenido en llamar Paraíso, tiene cinco zonas "habitables": el Ecuador, los dos polos y dos situadas entre el Ecuador y cada polo. Antes del "Big Bang" solamente una de ellas tenía algunos habitantes: las almas originarias que en cierta forma fueron los factores detonantes de la explosión, es decir, los Arcángeles. Al empezar la vida en la Tierra, una segunda zona, ubicada en uno de los polos, empezó a poblarse de almas simplísimas, las de los animales anteriores a la extinción que se produjo hace unos 65 millones de años, los dinosaurios, que fueron víctimas de un brusco cambio de condiciones en la frontera entre los períodos

Cretácico y Terciario. Si "humanizamos" la conducta de Dios, podemos decir que decidió "limpiar" esta parte de la Creación porque algunas de las criaturas no le salieron como quería. Lo único que podemos deducir a partir de serias investigaciones que se han llevado a cabo es que hubo una catástrofe de enormes proporciones. Sobre sus causas hay diversas hipótesis. Las más importantes son: el impacto de un meteorito gigante y un período de gran actividad volcánica. El hecho cierto es que en un período muy breve desaparecieron para siempre un 70% de las especies vivas del planeta, con la excepción de los dinosaurios aviarios, los tiburones, la mayor parte de la vegetación y unas pocas especies muy pequeñas, entre las que estaban los antepasados remotísimos de los hombres. Es posible que buena parte de los seres que se salvaron hayan podido ocultarse o, simplemente hayan logrado "renacer". La primera de las dos teorías supone que un gran meteorito proveniente de un asteroide o un cometa impactó la Tierra en la Península de Yucatán, en México, con lo que se produjeron violentos cambios climáticos que incluyeron un período de oscuridad total debido a la contaminación atmosférica, etcétera, todo lo cual derivó en el final del reinado de los dinosaurios. El sitio exacto fue el cráter submarino de Chicxulub que tiene alrededor de 200 km de diámetro. Inmediatamente después de la caída del meteorito, buena parte del territorio que comprende América del Norte y del Sur quedó completamente devastado por el fuego, por lo que las temperaturas aumentaron de manera drástica por algún tiempo y gran parte de los dinosaurios murieran quemados. Los consiguientes efectos medioambientales deben haber sido hasta más letales que el propio fuego inicial. Una nube gigantesca de polvo, residuos y humo ocupó la atmosfera y a la larga cubrió por completo el planeta por varios meses, por lo que no pasaba la luz del sol. Siguió un invierno devastador en el que la temperatura superficial de la Tierra bajó hasta niveles casi incompatibles con la vida. Solo pudieron sobrevivir los insectos, algunos pequeños mamíferos y las aves, que pudieron esconderse y alimentarse de los insectos y de las plantas en descomposición, las plantas que quedaron como en estado vegetativo, los dinosaurios voladores (antepasados de nuestros pájaros) y algunos tiburones, especialmente bien dotados para sobrevivir. Además del inmenso cráter submarino de Chicxulub, se han encontrado varios cráteres más pequeños (entre 25 y 30 km) en distintas partes del mundo. En Ucrania está el llamado cráter de Boltysh y en el mar del Norte el de Silverpit. Eso significaría que se pudo tratar de múltiples impactos de asteroides, cuyas colisiones provocaron también múltiples terremotos, maremotos y otros desastres naturales. También se ha comprobado que en esa misma época hubo una gran actividad volcánica, que podría haber tenido un efecto muy parecido al de los impactos de cuerpos celestes, lo, que generó la segunda hipótesis de relevancia, según la cual la causa de la extinción de los dinosaurios fueron las masivas cadenas de erupciones volcánicas ocurridas en la meseta india del Decan. La mayor evidencia que apoya esta teoría es la presencia de alrededor de 1.300 km² de lava en la meseta, depositadas al finalizar el Cretácico. Puesto que en el núcleo de la Tierra hay grandes concentraciones de Iridio, este pudo haberse regado a través del magma que brotó en enormes torrentes sobre una gran parte de la superficie de la India. Otros científicos defienden una tercera posibilidad: que cambios climáticos graduales, a lo largo de unos 10 millones de años, hayan causado de extinción masiva de especies que no pudieron adaptarse a la nueva realidad. Y no sería descabellado pensar que pueden haber sido fenómenos paralelos. Los designios de Dios son inescrutables. Volviendo al tema que nos interesa, esos millones y millones de almas simplísimas pueden estar, todas juntas, en uno de los polos del Paraíso Universal, mientras que en el otro estarían las almas complejas de seres absolutamente dañinos, como Gengis Kahn, Calígula, Atila, Hitler, Stalin, Lenin, Mussolini, Mao, Pol Pot, Kim Il-sun, "Chapita" Trujillo, Fidel Castro, el "Che" Guevara, Pinochet, Hugo

Chávez, etcétera, es decir, esas personas torcidas que dañaron a mucha gente y cometieron numerosísimos crímenes con sus egoísmos y sus perversidades, así como os delincuentes comunes que mataron o dañaron a muchas personas aún sin ser poderosos; eso sería lo que llamamos el Infierno, en el que estarían sumidos en la más absoluta oscuridad, eternamente, y sin la posibilidad de salir o de hacer algo, que es algo que perfectamente se asimila a la idea de que jamás podrán contemplar a Dios. Si es cierta la historia de la rebelión de algunos Arcángeles, también ellos estarán, para siempre, en el Infierno. Entre esos dos polos y el Ecuador estarían el Purgatorio y el Limbo. En el Purgatorio estarían grandes pecadores, pero no tan perversos como los que están en el Infierno, y estarían en espera del Juicio Final, que al parecer será presidido por Jesucristo con la ayuda de un auténtico tribunal integrado por Arcángeles y quizás por algunos Ángeles muy especiales. La decisión de los juicios será, en cada caso, que el alma deberá ir por la Eternidad al Infierno o al Limbo, pero no al Cielo. Algo parecido ocurrirá en el Limbo, ocupado por pecadores graves, pero no tan graves como los que ocupan el Infierno y el Purgatorio, y en su juicio se decidirá si se quedan en el Limbo, lo que no es tan grave, o pueden llegar al Cielo. Y así llegamos al Cielo, que está en la franja ecuatorial del pequeño globo. Allí han estado desde su creación los Arcángeles, y están los Ángeles, y desde su existencia las almas de los seres humanos que han sido justos y no han cometido faltas enormes, así como los animales domésticos e inofensivos. Sobre el Ecuador hay un anillo en el que están distribuidos varias partículas elementales que aún sin haber materia cumplen el mismo propósito que los fotones, y que giran alrededor el globo de forma tal que en un período perfectamente comparable en percepción a 12 horas, haya una luz blanca, perfecta, y en otro lapso equivalente haya una luz también blanca aunque más tenue, pero suficiente para que todo se pueda percibir con claridad. Es posible que esa luz haya llegado a los hombres a través de la memoria de los primeros seres humanos, y que de allí haya salido la idea del brillo de luz perpetua como recompensa para las almas puras, una idea que yacería oculta en al subconsciente de toda la humanidad, puesto que toda la humanidad desciende de los primeros seres que recibieron alma compleja, los que recibieron el aliento vital de los Arcángeles que podríamos llamar Adán y Eva. La luz en el Purgatorio y el Limbo se alterna entre una muy leve, un tanto menor que la menos brillante del Cielo, y una oscuridad equivalente a la del Infierno. Y una de las características del Infierno sería la ausencia absoluta de luz, la oscuridad total y permanente, que no permite que los condenados vean algo o se vean entre sí.

Eso equivale, desde luego, a estar para siempre privados de toda contemplación, muy especialmente de la contemplación de Dios. Hay que recordar que las almas no tienen masa, son ondas o partículas que vibran a diferentes frecuencias, y que caben por miles de millones, o por billones o por trillones en espacios mínimos, casi inexistentes, de modo que el espacio que ofrece el globo, el pequeño balón que es el Paraíso, es más que suficiente y hasta sobrancero para las almas que existan al terminar el proceso del "Big Crunch". Y también que la afinidad entre almas está basada en la frecuencia de sus vibraciones, de modo que no es necesario que nadie las envíe al Infierno o al Purgatorio o al Limbo o al Cielo: cada una irá en forma espontánea y natural a encontrarse con las que vibran en frecuencias iguales o parecidas a las suyas, en el entendido de que la maldad hace variar la frecuencia de un alma hasta niveles más bajos que los que tenía al nacer, en tanto que la bondad logra el efecto contrario. Es algo parecido a la influencia del paratipo (el medio ambiente), sobre el genotipo (lo heredado), para llegar al fenotipo, que es el individuo tal como es. Mientras más alta la frecuencia, más cerca está la persona (su alma) de las almas originarias y por lo tanto se ubicará en el Cielo, y mientras más baja, irá al Purgatorio, el Limbo o el Infierno. Habría que agregar que cada ser humano nace con una determinada frecuencia, proveniente de la herencia (o del genoma), y como puede variarla de acuerdo a su comportamiento, generalmente lo que hace es ampliarla, de modo que sus afinidades se amplían debido a su comportamiento. Aunque los canallas irredimibles no la amplían, sino que la reducen y la bajan, por lo que suelen perder sus afinidades natales. Un caso muy específico es el de los santos (tanto los santos como se entienden en la civilización occidental, que son ejemplos, como los santos como se entiende el término en otras civilizaciones, especialmente en las orientales, que son iluminados), que por lo general amplían hacia arriba su rango de frecuencias, por lo que se convierten en afines con lo mejor de la humanidad y, por supuesto, se ubicarán sin la más mínima duda en el cielo. Jesucristo, como el ser más cercano a Dios de todos los que existen y han existido, al extremo de que bien podría ser hasta el Dios verdadero al menos en las creencias de millones de personas, vibra en todas las frecuencias existentes, por lo que es afín a toda la humanidad, pero en él predomina la frecuencia más alta de todas, y además algunos, sobre todo en la zona de las frecuencias muy bajas, lo rechazan, y pierden la oportunidad de ser redimidos. Y algo muy similar puede decirse de su madre, la Virgen María.

Las lenguas del Paraíso

Uno de los elementos más importantes de la memoria colectiva, de la Consciencia colectiva, es el Idioma Universal, que no es otro que el idioma de las almas originarias, el idioma de los Arcángeles, al que se habrán sumado todos los neologismos existentes. Llegó a los primeros seres humanos con los Adanes y Evas, y desde entonces se ha ido pasando de padres a hijos, aunque ni los padres ni los hijos tienen la posibilidad de hablarlo o escribirlo, porque está totalmente escondido en el inconsciente. Cuando dos o más almas originarias penetraron en los cuerpos de animales muy primitivos, posiblemente los que encontraron menos diferentes a ellos, les confirieron, al menos en potencia, la capacidad de hablar y entenderse entre ellos. Eso debe haber sido hace cerca de 1.300.000 años, cuando los animales seleccionados apenas se diferenciaban de otros animales, y hace unos 800.000 años ya el "Homo antecesor" estaba en capacidad de hablar y hasta compartía con otros animales algo parecido a un sistema de señales acústicas o un lenguaje muy rudimentario, pero anatómicamente no podía hacerlo en propiedad. Eran los tiempos en los que se empezaba a usar utensilios para determinadas tareas, como lo hacen hoy algunos primates, lo que se había iniciado por parte del

"Homo habilis". Poco después los humanos tuvieron algunos cambios anatómicos que los relacionaban con los pájaros en cuanto a la emisión de sonidos. Y hace unos 400.000 años ya el ser humano, el "Homo erectus", había completado esos cambios anatómicos, cada vez más importantes, que anunciaban la aparición definitiva del lenguaje. Así, desarrolló en el cerebro, de las áreas de Broca y Wernicke. La primera, el área de Broca, es la sección del cerebro humano que se ocupa de la producción del lenguaje, es decir, la que procesa la gramática y ordena a otras partes del cuerpo la emisión de sonidos articulados, de palabras. Está ubicada en la tercera circunvolución frontal del hemisferio izquierdo, en las secciones opercular y triangular del hemisferio dominante para el lenguaje, y se conecta con el Área de Wernicke, cuyo papel fundamental es el de la decodificación auditiva de la función lingüística (es decir, la comprensión de las palabras). Esos antepasados remotísimos del hombre que recibieron el alma compleja, no pudieron en lo inmediato usar el don de la palabra, pues su cerebro no estaba dotado para ello, ni tenían un aparato fonador que se los permitiera. Cada uno de ellos, por tener alma, posiblemente sabía el nombre de cada cosa e intuía lo que tenía que hacer para expresarse, pero no podía hacerlo. Estaban en una situación similar hasta cierto punto a la de los que han sufrido un Accidente Cerebro Vascular o cualquier otro accidente que les afecte severamente la región del cerebro que gobierna el lenguaje, que sí tienen afectada el Área de Broca y padecen la llamada Afasia no fluente o Afasia de Broca, que les impide hablar, aunque quien la padece, si no está afectada el Área de Wernicke, sí comprende lo que escucha y lo que trata de decir, pero no logra otra cosa que emitir sonidos incoherentes o hasta algo que puede parecerse a un idioma extraño e incomprensible. En una situación muy parecida deben haber estado por muchas generaciones los seres humanos primitivos, que no podían hablar: al ver un árbol seguramente sabían que se denominaba árbol, pero no podían combinar las dos sílabas de la palabra árbol, hasta que sus organismos, especialmente sus cerebro, sus pulmones, sus lenguas, sus paladares y sus gargantas lo permitieron y, por fin, empezaron a hablar, lo que favoreció notablemente su cooperación mutua, especialmente a la hora de cazar o de hacer algo que requiriera la colaboración de dos o más personas. Desde ese momento se ha sabido que la capacidad de hablar (y de leer y escribir) es otro de los elementos que realmente diferencian del todo al ser humano de los demás animales. Hablamos del lenguaje. Muchísimo tiempo después de empezar a hablar, hará unos 7.000 años, la humanidad inventó la escritura, por lo que la memoria dejó de estar sustentada en sí misma y empezó a sustentarse en signos permanentes, lo que le ha ahorrado a los seres humanos grandes cantidades de Energía. El lenguaje favoreció ampliamente el crecimiento del cerebro, en especial de la corteza o córtex, y sus funciones, pero no hubo cambio alguno en cuanto a que todo debe apoyarse en la materia, en lo orgánico, y con ello apenas se logra una imitación muy imperfecta del lenguaje que debe haber existido en el Paraíso Universal desde que surgieron las almas originarias, y que les ha servido siempre para comunicarse entre ellas. Ese lenguaje universal, la lengua de los Ángeles y Arcángeles, como dije, debe haber entrado en las almas de los primeros seres humanos cuando Adán y Eva, o los Adanes y las Evas, penetraron en esos primeros seres que después serían humanos, y ha permanecido allí, como memoria, desde entonces, pero la materia no le permite a ningún ser humano usarlo. En lugar de él, los humanos aprendieron, muy poco a poco, a desarrollar sus propios lenguajes, que se iniciaron en el sur del África y se regaron por el mundo entero. Cada horda, cada grupo humano, llevaba el suyo consigo, un lenguaje que se afirmaba en la medida en que no tenían ningún tipo de contacto con otros grupos, y así como los cuerpos se fueron modificando a causa del paratipo, los idiomas empezaron a aparecer y a diferenciarse unos de otros hasta hacer que unos no pudieran entenderse. Es lo que cuenta la Biblia al hablar de la Torre de Babel. Pero lo más importante es que todos y cada uno de los seres humanos ha llevado dentro de sí, en la memoria remota, el lenguaje de los Arcángeles y los Ángeles, el lenguaje universal, y que al separarse el alma de la materia, al liberarse del cuerpo y viajar al Paraíso Universal, todas y cada una de las almas puede comunicarse en ese lenguaje con todas y cada una de las almas de sus antepasados a partir de los primeros que tuvieron alma privilegiada, es decir, millones y hasta miles de millones de almas. Significa eso que cada alma no originaria, salvo las de los nonatos o de los que murieron sin haber aprendido a hablar, domina por lo menos dos idiomas: el Universal y el propio, y habrá quien domine tres o más, y se comunicará en cualquiera de ellos con los que también los hablen. Y eso funciona también para el lenguaje escrito y para cualquier medio de comunicación que exista en la Eternidad. En todo caso, el idioma Universal, la lengua del Paraíso, debe caracterizarse por su perfección, por abarcar todo lo que existe, todo lo que ha existido y todo lo que existirá en el porvenir, razón por la cual, por supuesto, ni siquiera puede requerir neologismos, puesto que desde que se activaron las almas originarias todo, absolutamente todo, estaba previsto. Y también es posible que haya muchas otras formas de comunicación que no imaginamos, aunque no creo que pueda existir algo parecido a telepatía. En todo caso también, lo importante es que en el Paraíso cada alma de un justo puede comunicarse muy bien con todas las demás. Lo mismo puede decirse de las almas irredentas, pero no es fácil que almas que subsisten en la más completa oscuridad quieran comunicarse con otras.

Las jerarquías del Paraíso

Empecemos por decir que no hay, no puede haber, jerarquías reales en el Paraíso. De ningún tipo. Jerarquía es el orden o grado entre distintas personas o cosas, o el conjunto de los jefes de un estamento, organización, cuerpo, etcétera. Implica necesariamente desigualdad, y en el Paraíso, tanto en el Cielo como en el Infierno, el Purgatorio y el Limbo, todas las almas son iguales. Lo único que está muy por encima de todo y de todos es Dios, que todo lo es y todo lo abarca, pero no se trata de jerarquía sino de algo muy distinto e indefinible. Por supuesto, las almas originarias son más antiguas que las no originarias y tienen el privilegio de haber sido creadas directamente por Dios, pero eso no les da autoridad sobre las otras. Es posible que Jesucristo y el Espíritu Santo, por ser las almas originarias que están más cerca de Dios, tengan más "autoritas" que las demás, pero autoritas no implica poder ni exige subordinación, sino más bien algo ligado a la moral y al respeto que se les debe. De hecho, la igualdad absoluta, ese bien tan caro a muchos seres humanos, es imposible en la Tierra, pero se alcanza plenamente en el Paraíso. Es posible que los profetas, los santos (en cualquiera de sus acepciones) y los apóstoles sean más respetados o admirados que el resto de las almas, pero sin que eso implique autoridad o mando o privilegios, sino más bien como en la Tierra se admira a un escritor famoso o a un cantante célebre, ante quien no se rinde culto ni se subordina nadie. Sin que se pueda considerar una excepción a esa regla general, habrá una ocasión en la que a Jesucristo le tocará estar el frente de un grupo importante: lo que la religión ha llamado el Juicio Final, que ocurrirá una vez que el Universo, nuestro Universo, haya completado su ciclo de expansión y encogimiento. Entonces se constituirá algo parecido a una asamblea con características de tribunal colectivo, integrado por Arcángeles y posiblemente por las almas no originaras de los profetas, los santos (en cualquiera de sus acepciones) y los apóstoles, y presidido por Cristo (que hizo saber que lo haría por mandato de Dios), tribunal que se encargará de decidir el destino final de las almas que al morir sus cuerpos no fueron directamente el Cielo o al Infierno, es decir, las que quedaron en espera de ese Juicio, en el Purgatorio y en el Limbo. Desde luego, será un proceso muy largo, casi eterno, por la cantidad de casos que habrá de conocer, pero la diferencia entre el tiempo en la Eternidad y el tiempo en la Tierra se encargará de ese problema. Las del Purgatorio, almas de pecadores graves y en general no arrepentidos, podrán ser condenadas a ir por toda la Eternidad al Infierno, sin luz, en medio del más denigrante de los ocios y sin consuelo posible, o ser trasladados el Limbo, con algo más de luz y por lo menos la posibilidad de conversar con otras almas. Las del Limbo, almas de pecadores menos graves y algunos sinceramente arrepentidos de sus faltas, podrán ser condenados a quedarse eternamente en el Limbo o ser absueltos y pasar por la Eternidad al Cielo, aunque llevarán siempre, internamente, la carga de su memoria en la que habrá muchos actos censurables, que siempre lamentarán haber hecho. Todo esto contradice en cierta forma la idea de la igualdad absoluta de las almas, pero esa igualdad se aplica a la posición jerárquica y a la obediencia a cualquier forma de autoridad, pero no a la apariencia ni a la memoria, que siempre serán estrictamente individuales. Y se aplicará sobre todo al grado de felicidad dependiendo del destino final de cada una: en el Cielo será universalmente inconmensurable, en el Infierno no existirá en absoluto, y en el Limbo será siempre muy relativo. Y en los tres sitios estará muy relacionado a las actividades que cada alma desarrolle por toda la Eternidad.

Los Oficios en el Paraíso

Lo primero que hay que dejar sentado es que en el Cielo no puede haber templos, ni iglesias, ni sinagogas, ni mezquitas, ni monasterios. Ni nadie que oficie en ellos. Por tanto, no hay sacerdotes ni monjes ni monjas ni curas ni obispos ni cardenales ni diáconos ni pastores ni rabinos ni imanes ni predicadores ni misioneros. En el Cielo, Dios no necesita intermediarios, ni tampoco en el Limbo o en el Purgatorio. Y mucho menos en el Infierno. En el Cielo está hasta en los rincones más escondidos. Y en el Infierno no quiere estar. También es evidentes que al acceder cada alma a la memoria perfecta y compleja, que incluye las memorias de todos sus antepasados, no necesita aprender, y por tanto no habrá maestros ni profesores. En un texto anterior sugerí la idea de que la capacidad creadora de las almas no originarias, una vez en el Cielo, se podría deber a lo que los griegos llamaban el ocio digno o el ocio creativo. En esa idea, además de humor, hay algo que está muy lejos de la verdad: en realidad en el Cielo no puede haber ocio, puesto que el ocio es desocupación o inactividad, y en el sentido en que lo usaron los griegos se relaciona claramente con la ociosidad, que es más bien un vicio que una virtud, y se define, justamente, como el vicio de no trabajar, de perder el tiempo o gastarlo inútilmente, o como holgazanería, pereza o gandulería. Y eso no existe, no puede existir, en el Cielo. Puede existir y de hecho existe en el Limbo, en el Purgatorio y en el Infierno (en donde es obligado por las circunstancias), pero no en el Cielo. En el Cielo hasta la más leve y liviana de las conversaciones es útil, provechosa y conveniente para quienes participan en ella. Lo que sí es cierto es que en el Cielo muchos oficios que en la Tierra pueden ser hasta menospreciados y ligados al tiempo libre, se convierten en los más importantes. Hablo de los oficios ligados al intelecto y a lo que suele llamarse humanismo, con la excepción de la docencia. En tanto que muchos oficios técnicos y científicos sencillamente desaparecen porque no tienen ninguna utilidad. Puesto que en el Cielo no hay nada corpóreo ni nada parecido a un cuerpo humano o animal, no puede haber médicos ni ninguna profesión u oficio ligados a la medicina, ni a la humana ni a la veterinaria. No hay, pues, doctores, ni dedicados a la medicina general ni especialistas, ni hay enfermeros ni investigadores médicos ni nada por el estilo. Tampoco hay, por supuesto, farmaceutas ni empleados de farmacias, puesto que no hay farmacias ni laboratorios en donde se inventan medicamentos, pues tampoco hay medicamentos de ninguna especie, además de que no hay comercio. No hay ni se necesitan los científicos, salvo que se dediquen por completo a la Teología, ni los inventores, puesto que ya todo está descubierto y todo está inventado. Al no haber jerarquías no puede haber gobiernos ni nada por el estilo, y por lo tanto no puede haber políticos ni funcionarios ni burócratas, como tampoco hay periodistas ni locutores ni presentadores ni "anclas" de noticieros. No hay industria ni comercio ni sistemas de distribución de bienes. No hay abogados de ninguna especie, puesto que no hay pleitos ni diferencias que dirimir. Ni siquiera en el Juicio Final, en el que cada quién tratará de defenderse como pueda, alegando cualquier hecho que pueda disminuir su culpa. No hay mecánicos ni diseñadores ni constructores de vehículos, que en el Paraíso tendrán una modalidad muy diferente a los de la Tierra, aunque puedan basarse en los principios de la Física Cuántica. No hay en general ningún oficio de los que en la Tierra muchos consideran verdaderamente indispensables e importantes. En cambio sí hay escritores, poetas, dramaturgos, compositores, músicos, actores, filósofos, historiadores, pintores, escultores, en fin, los oficios que tengan que ver con lo estrictamente intelectual y con el buen uso de lo que podría definirse como tiempo libre. No puedo saber si hay editores, diseñadores gráficos, ilustradores, distribuidores de libros, libreros y bibliotecarios, pues no atino a ver cómo se difunde la cultura y si hay o no libros y bibliotecas o si hay alguna otra modalidad (en cuyo caso esos oficios serían meras e imperfectas imitaciones humanas de lo que hay en el Paraíso). Es posible que haya arquitectos, profesionales que tienen mucha relación con las artes plásticas, o ingenieros civiles y empleados y obreros de la industria de la construcción, aunque no parece lógico que los haya, salvo que se vayan agregando obras físicas para alojar a las almas en la medida en que van llegado a sus destinos finales. Y, desde luego, no hay que decir que esos oficios relacionados con las artes y el pensamiento son los más apreciados, y que casi todos los que en la Tierra se formaron para los otros oficios, en el Cielo cambiarán rápidamente de ramo, lo que no será nada difícil habida cuenta de que todas las almas del Cielo tienen memoria total y no sufren las limitaciones que impone la materia. Definitivamente, lo más importante es la multiplicación hasta lo inimaginable de los oficios artísticos e intelectuales, lo que significa que muchas almas que en la Tierra ejercieron profesiones u oficios ligados a la técnica o a la ciencia o a lo meramente mecánico y corpóreo, en el Cielo se dedicarán a lo intelectual, al pensamiento y a la creación artística.

Los templos del Paraíso

En el Paraíso no puede haber templos ni ninguna construcción de tipo religioso como las que tenemos en la

Tierra. No hay iglesias en la Eternidad no son necesarias, puesto que en realidad son organizaciones humanas, estrictamente humanas, jerárquicas y temporales. Suelen ser muy útiles y bastante necesarias en esta vida, aunque algunas, y no precisamente las cristianas, se han desviado abiertamente de su misión y propician crímenes y guerras, lo cual es esencialmente contrario a lo que deben cumplir como misión frente a la humanidad. Desde luego, nada de eso puede existir en el Paraíso, y mucho menos en el Cielo. Lo más parecido a templos que puede haber en el Cielo son los teatros y salas de conciertos y los estadios deportivos. No debe haber grandes salas de conciertos ni grandes teatros, sino pequeños espacios, muy cómodos, en los que un grupo de amigos o de parientes se reúne a ver y oír un concierto o una presentación de orquesta o de coro o mixtas, y hasta de ópera, opereta, musicales y por el estilo, así como a ver una buena obra de teatro o a escuchar una conferencia o un foro o algo parecido. También hay presentaciones equivalentes a las de cabarets en la Tierra, pero sin el más mínimo componente erótico. Y de música popular, que sirven más para diversión sana que para otra cosa. Y, por supuesto, de grupos de humor y de cómicos individuales. En cada uno de esos sitios hay un escenario, pero aunque sean miles y todo sea a la vez, en uno solo de esos escenarios están los músicos, o los actores o los conferencistas, según el caso. En todos los demás hay reproducciones, también holográficas y perfectas, de lo que está ocurriendo en el escenario en donde sí se está haciendo lo que todos los grupos ven simultáneamente. También debe haber bailes, pero como diversión y muy sana. En cuanto a los estadios deportivos, no son enormes, ni siquiera grandes. El público está en donde es más cómodo y práctico ver el espectáculo. Y los juegos tienen una característica muy especial: como no se trata de cuerpos, no hay cansancio, no hay fatiga, y todo es mucho más rápido y hasta mucho mejor. Y tampoco puede haber trampas ni acomodos, ni algo parecido a apuestas. Todo se hace por diversión, por entretenimiento y por superación. Al fin y al cabo se trata de un ambiente perfecto, como no puede existir en la Tierra.

Los usos y costumbres en el Paraíso

La vida de los humanos en la Tierra es un reflejo, o si se quiere una pálida y defectuosa imitación, de los usos y costumbres del Paraíso, no de los que pueden definirse como nuevos, sino de los que existieron desde el primer instante de la Creación. La información, muy completa, llegó a la Tierra por vía de los Arcángeles que vinieron a inyectar almas complejas, con Consciencia y memoria compleja, a unos pocos seres muy primitivos que a la larga se convirtieron en los seres humanos. Y ha estado allí desde entonces, en las almas de esos seres, pero sin que sus mentes puedan tener, prácticamente, el más mínimo acceso a ella. Está en el inconsciente, tanto en el individual como en el colectivo, y se ha ido colando muy poco a poco a través de fenómenos que he llamado "flashes", cuando en un instante brevísimo los individuos de la especie humana entrevén lo que está en su memoria oculta y creen que se les ha ocurrido algo, que han tenido algo así como una inspiración o una intuición que les permite imaginar algún aparato o alguna manera de hacer cualquier cosa en la Tierra. Es quizás a lo que se referían los griegos al decir que no hay nada nuevo bajo el sol. Desde luego, esas "invenciones" y esos descubrimientos se ven muy condicionados por la materia, y se convierten en meras imitaciones de todo lo que hay en el Paraíso. Y eso opera tanto en cuando a las invenciones y los métodos como a los usos y costumbres. En el Paraíso no hay materia como la concebimos, y todo es Pura-percepción, lo que es sumamente importante para entender cómo funciona la existencia y cómo puede compararse la vida terrestre con ese funcionamiento. La memoria compleja, la que aflora plenamente al salir el alma del cuerpo y pasar a existir completamente en el Paraíso, tiene alguna influencia, y no poco importante, en la forma de existir en ese ambiente perfecto en el que están para siempre las almas de los justos, en el Cielo. Al no haber materia no hay cuerpo, y al no haber cuerpo son muchas las cosas que operan en el Cielo de manera muy diferente a como operan en la Tierra. Al no haber hambre, puesto que no es necesario reponer las energías gastadas, comer y beber tienen un significado que en nada se parece a lo que es comer y beber en la Tierra. Se hace si se quiere, pero no por necesidad, sino por gusto. Tampoco se puede decir que sea por placer, porque el placer, como lo conocemos, está muy cerca del pecado. A quien le gusta el chocolate, en el Cielo podrá saborear el chocolate que le gusta, sin empalagarse y sin que tenga consecuencias sobre su digestión, puesto que no hay digestión. A quien le guste el vino, podrá beber todo el vino que quiera sin embriagarse, puesto que no hay cerebro que sufra las consecuencias de la ingesta de alcohol. Comer y beber en el Paraíso no es ingerir grasas y alcohol, sino sentir (o recordar), con gusto, los sabores y las texturas a los que se estaba acostumbrado en la Tierra y que están en la memoria. Y, por supuesto, se hará sin gula, porque en el Cielo no hay pecados capitales. De modo que si un alma quiere sentir en el Cielo lo mismo que sentía en la Tierra al comer o beber algo que le gustaba mucho, que le daba satisfacción, lo hará sin ninguna consecuencia ni mala ni incómoda, puesto que en el

Cielo no hay nada que sea malo ni incómodo. Nadie tendrá que sufrir una indigestión ni un dolor de estómago. Tampoco hay dolor de ninguna especie en el Cielo. No hay metabolismo, de modo que tampoco hay desechos orgánicos ni malos olores ni meteorismo ni diarrea ni angurria, no solamente por eso, sino porque no hay enfermedades ni nada que se les parezca. Y, obviamente, tampoco puede haber adicciones de ninguna clase, por lo menos en el Cielo. En el Infierno, el Purgatorio y el Limbo, puede que sea de otra manera. No hay tampoco libido ni deseo sexual, puesto que no hay reproducción de ningún tipo, y por tanto las relaciones entre personas de distinto sexo serán mucho más puras y placenteras, aunque sin placer físico. Quien quiera dormir lo podrá hacer, pero no para descansar ni para reponer fuerzas, sino porque le gusta dormir. Lo hará a voluntad, en cualquier momento y por el tiempo que quiera, puesto que también podrá despertarse a voluntad. Muy posiblemente va a ser un sueño sin ensoñaciones y, sobre todo, sin ronquidos. Y como quiera que sí hay enormes placeres intelectuales, la lectura, la música, la poesía, el teatro, hay actividades que los procuran pero no de la misma manera que funciona en la Tierra. No hay grandes teatros en donde parte del público está muy lejos de la escena y no disfruta la actividad con la misma intensidad con que la disfrutan algunos privilegiados. Es posible, como dije, que haya pequeñas "salas", múltiples y numerosísimas, en las que el público ve y oye a los actores o a los músicos tal como si estuvieran en su presencia física, a pesar de que solo en una de las salas están los músicos y los actores que actúan o tocan sus instrumentos. Al fin y al cabo los espectadores no ven ni oyen nada, sino que perciben lo que los artistas hacen para entretenerlos. Por otra parte, se escenificarán y se montarán obras viejas, ya estrenadas en la Tierra, y obras nuevas, creadas en el Cielo. Debe haber algo muy parecido a la radio y la televisión, parecido en cuanto a función, pero no en lo físico, puesto que no hay atmósfera ni ondas hertzianas y su forma debe ser muy distinta a la de los aparatos a los que estamos acostumbrados. Otro debe ser el concepto y tiene que ser mucho más real que las reproducciones mecánicas que conocemos en la Tierra, muy posiblemente relacionado con la Pura-percepción, lo que acerca claramente ese sistema a la perfección. No se trataría en ningún caso de noticieros como los conocemos en la Tierra, no se usan para dar noticias políticas o económicas o de desastres, accidentes o crímenes, sino para conferencias que enriquezcan intelectualmente a quienes las perciban y para informar acerca de nuevas obras de teatro o musicales y sobre todo acerca de cómo pueden percibirlas las almas del Cielo. Aunque es posible que también se utilicen para transmitir algunas informaciones gratas y positivas, o para mantener a la totalidad de las almas con buena información de lo que ocurre en el Universo. Debe haber sistemas parecidos a los que hoy tenemos para escribir y leer, y esto último da pie a suponer que hay libros o sistemas de difundir la palabra escrita que no conocemos en esta vida. Y también para "ver" películas y obras viejas, en privado. Tal como debe haber sistemas de transporte individual y colectivo, basados no en el aire ni en combustión ni nada por el estilo sino en lo cuántico, que viajan a velocidades que hoy ni siquiera podemos imaginar. La iluminación pública en el Cielo es absolutamente innecesaria, puesto que no hay noche. Y si se necesitara en el interior de una casa o del equivalente a un edificio, se hará mediante sistemas muy diferentes a los que ha usado el hombre desde que empezó a dominar el fuego hasta que empezó a usar adminículos lumínicos. En resumen, las almas liberadas de sus cuerpos, en el Cielo, se encontrarán con las verdaderas invenciones de Dios, creadas para uso y disfrute de las almas originarias y puestas a disposición de las no originarias. Pero hay que tener en cuenta que el tiempo, en la Eternidad, es algo muy diferente al tiempo como solemos entendernos en la Tierra, por tanto, todo lo que tenga que ver con transporte, con entretenimiento, con cultura, etcétera, tiene que ser totalmente diferente.

La realidad del tiempo

Nadie sabe en realidad qué es el tiempo. Algunos científicos muy importantes han llegado a negarlo, o a afirmar que se trata de una ilusión inventada por nuestro cerebro. Algo parecido a la Pura-percepción de Schröderer. Los gramáticos, inventores de definiciones para palabras hablan del Tiempo como "Duración de las cosas sujetas a mudanza. 2. Parte de esa duración. 3. Época durante la cual vive una persona o sucede alguna cosa. 4. Estación del año. 5. Edad. 6. Edad de las cosas desde que empezaron a existir. Etcétera". Esas serían las ideas de los gramáticos, que parecen más bien limitadas e insuficientes. Las de los científicos son otras, y sin duda lucen mucho más importantes. Isaac Newton, en el siglo XVII, diseñó el primer modelo matemático para explicar lo relativo al tiempo y el espacio, en su libro "Principia Mathemática". Pero desde entonces y por mucho tiempo el concepto siguió escurriéndose, porque es indudable que vivimos un hecho detrás del otro, pero no sabemos por qué ni cómo. Hubo que esperar al inicio de la Física Cuántica, a principios del siglo XX, para que se aclararan algunas ideas relacionadas con el tiempo, especialmente en lo que atañe a la Gravedad y a la Relatividad. Para Newton el tiempo y el espacio constituían un fondo sobre el que se producen todo lo que sucede. El tiempo está desligado del espacio y los acontecimientos del pasado, y por tanto presente y futuro están colocados sobre un eje donde el futuro está determinado por factores causales que pertenecen al pasado. Este concepto da lugar a una concepción del tiempo lineal, que sigue anclada en la mente de la mayoría de los seres humanos. También la concepción newtoniana implica un tiempo igual y único para todos los observadores, idea que fue desechada por la Teoría de la Relatividad de Albert Einstein, que derrumbó las nociones clásicas de tiempo y espacio. Según la Teoría de la Relatividad cada persona tiene su propia medida estrictamente individual del tiempo, que depende de dónde se halla y cómo se mueve. Cada observador tendría, pues, su propio tiempo personal. De acuerdo a la primera teoría de Einstein, la Teoría de la Relatividad Especial, los tiempos de dos personas que se desplazan, una en relación a la otra, no pueden coincidir, y la discrepancia crece si la velocidad de una de ellas se acerca a la de la luz. Más arriba me referí a la posibilidad de que el tiempo sea materia y las consecuencias que eso tendría para nosotros. No es fácil de entender a primera vista. Puede comprenderse si se imagina que dos hermanos gemelos se separan, uno se queda en la Tierra y el otro emprende un viaje a un planeta, ida y vuelta, a una velocidad de 240.000 km/s. Ambos tienen veinte años en el momento del inicio del periplo, que dura sesenta años, y cuando se reencuentran el que se quedó en la Tierra es un anciano canoso y achacoso de ochenta años y el viajero es un hombre vigoroso de apenas cincuenta y seis. Eso no se puede comprobar en la vida cotidiana, pero sí se han comprobado en partículas elementales y de forma empírica, mediante recursos de la Física Cuántica. También es de Einstein la teoría de la Relatividad General, publicada en 1917, que establece que tanto el espacio como el tiempo se deforman en proximidad de masas considerables o de campos gravitatorios potentes, lo que se entiende mejor si se considera el tiempo como algo material. La distribución de materia y Energía en el Universo deforma y distorsiona el espacio-tiempo, lo que hace que deje de ser plano. Los objetos intentan moverse en trayectorias rectilíneas en el espacio-tiempo, pero como este está deformado, sus trayectorias parecen curvadas: se mueven como si estuvieran afectados por un campo gravitatorio. Eso implica que la gravedad ralentiza el tiempo, que vendría a ser algo así como algo que se desliza en el Universo curvo impulsado por la gravedad, etcétera, etcétera, etcétera. Hasta entonces, los enfoques anteriores, el de Newton y los de otros grandes científicos, eran incompatibles entre ellos y no explicaban nada en forma satisfactoria. En cuanto se intentaba una aproximación de los principios, las ecuaciones resultantes arrojaban datos de reducción al infinito, algo que se consideraba absurdo y hacían imposible que los resultados tuvieran sentido. Pero en la década de 1960 el físico norteamericano Bryce DeWitt (1923-2004) pudo combinar las ideas fundamentales en la llamada Ecuación de DeWitt, que permitió entender los problemas de los infinitos como base en las formulaciones ulteriores. Sin embargo, a pesar de encontrar una solución para un problema, se adentró en otro aún más complicado: el tiempo ya no tenía relevancia en la nueva ecuación, en la medida en que se afirmaba que nunca pasa nada en el Universo, una predicción contraria a lo que sugiere la evidencia de todas las observaciones pasadas, presentes y posiblemente futuras. Ese enigma, llamado por los físicos llaman "el problema del tiempo", se convirtió por un buen período en la piedra en el zapato de la ciencia, hasta que en 1983 el físico norteamericano de origen canadiense Don Page, junto con el norteamericano William Wootters, plantearon la solución a partir del fenómeno del entrelazamiento cuántico, que es la propiedad de las partículas elementales de compartir la misma existencia a pesar de estar separadas físicamente. Page y Wootters mostraron cómo podía usarse ese entrelazamiento para medir el tiempo, puesto que la evolución de dos partículas entrelazadas hace las veces de reloj para medir el tiempo. Aunque hay que entender que los resultados dependen del punto de vista del observador, o sea, de cómo se realiza la observación. Se puede comparar el cambio entre las partículas entrelazadas con un reloj externo, que depende enteramente del Universo, algo así como que Dios midiera desde fuera la evolución de las partículas utilizando un reloj externo. Page y Wootters demostraron que las partículas aparecerían completamente descargadas, en cuyo caso el tiempo no existiría en ese escenario. Sin embargo, hay otra manera de hacerlo para obtener un resultado completamente distinto: un observador que desde dentro del Universo compare la evolución de las partículas con el resto del Universo. Así, el observador interno vería un cambio y esta diferencia en la evolución de las partículas entrelazadas comparada con todo lo demás, se vuelve una importante medida del tiempo. Esta idea sugiere que el tiempo es un fenómeno emergente producido por la naturaleza del entrelazamiento, que solo existe para los observadores que están dentro del Universo. Cualquier observador externo, vería un Universo estático e invariable, como lo predicen las Ecuaciones de Wheeler-DeWitt. Subsiste el problema de que sin una comprobación práctica eso no deja de ser una idea simple, puesto que no puede, por lo menos hoy en día, tener a un observador fuera del Universo. Pero Ekaterina Moreva y el Instituto Nacional de Investigación Metrológica (INRIM) en

Turín, Italia han desarrollado un primer experimento para comprobar las ideas de Page y Wootters, y han logrado determinar que el tiempo es un fenómeno emergente para los observadores internos, pero no existe para los externos. Es la demostración de que en el Paraíso, el tiempo no existe. Para lograrlo simularon la creación de un Universo formado por un par de fotones entrelazados y un observador capaz de medir su estado en dos formas, como observador interno y como observador externo. En el primer caso el observador mide la polarización de un fotón ligado a él mismo, y en seguida compara lo que ve con la polarización del segundo fotón. Y la diferencia es una medida del tiempo. En la segunda configuración, los fotones pasan de nuevo a través de placas birrefringentes que cambian sus polarizaciones y el observador sólo mide las propiedades globales de ambos fotones comparadas con respecto a un reloj externo independiente. Ocurre que no se detecta ninguna diferencia entre los fotones sin estar entrelazado con uno o el otro. De modo que no existe diferencia y el sistema aparece estático. Es decir, el tiempo no emerge. Todo eso lleva a la conclusión de que el tiempo es relativo y se mueve en diferentes líneas, lo que implica que es una consecuencia del entrelazamiento cuántico. Por último, existe la posibilidad de que el tiempo esté directamente relacionado con la degradación de la

Energía, y no sea otra cosa que el acompañamiento de esa degradación, por lo que cada lapso sería el tránsito de un grado a otro, lo que implica que en el Paraíso no puede existir el tiempo, puesto que en el Paraíso la Energía no se degrada.

El final de los tiempos

Todos esos experimentos y ecuaciones han servido para desmentir a los que niegan la existencia del tiempo. El tiempo sí existe, aunque no es lineal ni igual para todos. Pero aún no sabemos qué es en verdad. Podría ser, como acabo de plantear, que sea enteramente material y no haya que verlo como algo abstracto, pero también que no sea otra cosa que el paso de un grado de Energía a otro, que llegará a su fin definitivo cuando se alcance la Energía Perfecta, que es lo que expliqué al hablar de una carrera de relevos casi infinita, en la que el corredor inicial, el primero que arranca con el testigo, es un personaje obeso que casi no puede moverse, y que el penúltimo competidor le entrega el testigo al último, que como ya está en la meta, no tiene que desplazarse. Volvamos a imaginarlo, pero ahora invertido: Dios, en el punto de partida, le entrega el testigo al primer corredor, que es un alma originaria, un Arcángel, y avanza en una hora millones de kilómetros hasta que le pasa el testigo al segundo, que es un alma no originaria, un Ángel, que también avanza millones de kilómetros hasta entregarle el testigo a un bosón, digamos un fotón, que hace lo mismo con un fermión, y así vamos de corredor en corredor hasta llegar al último, el obeso, que casi no puede moverse y apenas avanza un kilómetro hasta desplomarse, hasta caer muerto sin poder entregar el testigo a nadie. La carrera ha terminado para siempre y no hay vencedor, pero Dios y los otros corredores siguen vivos, concentrados en el punto de partida. Y cada quien se dedicará a hacer lo que más le plazca, aunque Dios, aprovechando que tal como las partículas u ondas puede estar en más de un sitio a la vez, sin dejar de estar allí está en otro punto de partida entregando el testigo a otro primer corredor. De allí en adelante, en nuestro Universo, solo podrá existir lo que esté en el Paraíso. Volviendo a la carrera, entre el primero y el último de los corredores habría una cantidad inmensa, casi infinita, de corredores que pasaron el testigo, y ese paso, así como explica muy bien la Gravedad, podría explicar el paso del tiempo.

El papel de la Voluntad

Suele definirse la voluntad como la aptitud para ordenar y decidir la conducta propia, que se expresa de forma consciente en el ser humano y está presente en otros animales para realizar algo con intención y en busca de un resultado. Es una definición incompleta, que apenas se refiere a la vida y a los seres vivos, ignorando que la voluntad es algo mucho más grande y abarca todo lo que existe, todo lo que es. La palabra española proviene del latín Voluntas, voluntätis, que a su vez sale del verbo Volo (querer) y el sufijo -Tas -tatis, que equivale al imperativo de "dar" en castellano. Al ser humano lo dota de la capacidad para llevar a cabo acciones contrarias a las tendencias inmediatas y a lograr objetivos planeados. Se trata de uno de los conceptos más debatidos en el terreno de lo filosófico, especialmente cuando se habla de voluntad de poder y de libre albedrío. Son muchos los casos en los que se puede definir un conflicto como un choque de voluntades. Un animal quiere estar libre y un hombre quiere tenerlo encerrado, por ejemplo. Para el pensamiento oriental de la antigüedad la voluntad era el elemento superior del ser humano y, por lo tanto, lo que lo acercaba realmente a la divinidad, además de un medio para alcanzar plenamente la espiritualidad o de avanzar por el camino de la sabiduría y el autoconocimiento o de la búsqueda de la luz, concepto que subsiste hoy en día. Platón afirmaba que las elecciones de cada uno son responsables de su propio devenir, o sea que cada quien avanza en la vida de acuerdo a su propia voluntad, en tanto que Aristóteles distinguía entre los actos involuntarios, fruto de la ignorancia o de la imposición de una fuerza externa, y los voluntarios, escogidos con pleno conocimiento de causa y sin constricción externa. Juan Jacobo Rousseau habló de voluntad general en su "Contrato Social", que sustituiría la idea de que el bien común era la guía de cualquier sistema político. El Racionalismo trató de no tomar en cuenta la voluntad, pero Kant volvió a colocarla en sitio privilegiado. Para Schopenhauer ("El mundo como voluntad y representación"), la voluntad es la realidad última subyacente al mundo de la percepción sensible. Y Nietzsche le dio preeminencia absoluta a la voluntad del poder. En la filosofía contemporánea se habla de la voluntad como apetito intelectual o capacidad de decisión de los seres dotados de inteligencia, y como verdadera potencia del ser humano para hacer o no hacer algo, y se dice que la voluntad no es otra cosa que un aspecto de la llamada vida de tendencia, es decir, de la aptitud general para reaccionar ante los estímulos externos o internos, pero se diferencia claramente de las demás actividades propias de la vida de tendencia en que la voluntad involucra la representación intelectual del objeto y es deliberada, si bien puede obrar a partir de instintos, hábitos, etcétera.

Ahora bien, ¿cuál es el papel de la voluntad en el Universo? En la vida puede haber actos voluntarios o involuntarios, en la naturaleza no, o todo es involuntario o todo es voluntario. Y tiendo a creer que es lo segundo: en el Universo físico todo es voluntario. Los electrones giran alrededor del núcleo del átomo porque tienen voluntad de hacerlo, porque quieren. La voluntad, tal como las almas, es un elemento existente y comprobable, no un concepto etéreo e inmaterial, que no puede ser comprobado y cuantificado. La voluntad es el Todo, y casi me atrevo a decir que Dios es la voluntad, lo que significa que, así como no podemos entender a Dios, no podemos entender realmente lo que es la voluntad ni cuál es su papel. Cada uno de nosotros lo entenderá cuando llegue, finalmente al Paraíso. Antes, apenas podemos especular.

Epílogo

Para terminar, tratemos de imaginar cómo es eso de que el Universo se expanda cada vez más hasta llegar a un punto en el que tiene que encogerse del todo. Lo primero que se me viene a la mente es un globo de goma, al que empezamos a inyectarle aire a presión. El globo crece y crece hasta que el envoltorio de goma no resiste más y estalla. La gran diferencia está en que el aire del globo se integra al aire exterior, que es algo muy distinto a lo que va a suceder con nuestro Universo. En nuestro Universo llegará el instante en que la expansión ha sido tal que las fuerzas ya no se sostienen, los componentes de los átomos dejan de girar y la materia y la masa se disuelven por completo, ya la Ecuación de Einstein no opera, puesto que no hay masa. Solo queda la Energía, Energía pura que, como los corredores, se concentra en el punto de partida, que es el espacio mínimo que llamamos Paraíso. Las almas no originarias, entre ellas las de todos los seres humanos, ya habían regresado a ese punto muchísimo tiempo antes, y como dijimos antes, el retorno de las onda o partículas no los afecta, porque no tienen masa ni son materiales ni pesan, y por eso mismo el pequeño globo no se modifica en absoluto, sigue siendo lo que siempre ha sido, salvo por la presencia de las almas no originales, que tampoco son materia ni tienen masa ni pesan. Todo ha funcionado a la perfección, con una perfección que no puede explicarse en términos que podamos comprender los seres humanos. Ni siquiera ya convertidos en Ángeles y existiendo en el Paraíso. Y sin duda, creo que he comprendido la verdadera razón de la vida, que no es otra que atrasar el fin del proceso de inflación y retorno del Universo, ralentizar el proceso que concluye en el retorno de todo al Paraíso. Hacer menos violento el paso de un nivel de Energía al siguiente. Todo eso me lleva a entender una sola cosa: cada vez encuentro más difícil negar la existencia de Dios, y si no se puede negar la existencia de Dios, tampoco se puede negar la existencia del Paraíso, no como un jardín encantado en donde todo es delicioso, sino como un espacio al cual viajan las almas después de la muerte. No pretendo convencer a nadie de que sé cómo es el Paraíso y cómo es la existencia en su espacio. No es imposible que sin saberlo me haya ocurrido lo que sostengo que les pasó a Bach, o a Milton, o a Tomás Moro y muy especialmente a Leonardo da Vinci: que en un instante brevísimo, sin darme cuenta, pude casi ver lo que está en mi memoria oculta, en mi inconsciente. Y lo demás lo hizo mi imaginación. El hecho es que, sin pretender que se trate de un milagro, casi podría asegurar que he visto casi todo lo que describo. De todo lo que he podido leer e investigar, especialmente en lo relacionado con la Física Cuántica, he deducido muchas de las cosas que planteo mis tres trabajos sobre el tema, y otras, simplemente, las he imaginado. La Física Cuántica es un gran avance de la ciencia, pues permite en alto grado el uso de la imaginación en la búsqueda de respuestas a interrogantes que hasta ahora no habían sido solucionadas. Y si se combina con la Teología, se logra un resultado impresionante. El divorcio total entre la ciencia y lo que tiene que ver con Dios, en el que parecía imponerse la idea de que todo científico debe ser ateo, no es más que una moda peregrina, impuesta por lo que se ha llamado la era de la razón. Es hora de sacudirse de ese yugo. Como tampoco debe aceptarse que la ciencia y el humanismo son disciplinas antitéticas. El Física Cuántica es una de las ramas más avanzadas de la Filosofía actual. La Teología Cuántica debe lograr los avances más notables del pensamiento actual, hasta que aparezca otra disciplina capaz de igualarla y hasta superarla. No hablo de religión, que también tiene un papel que cumplir en la vida del hombre, sino de ciencia y pensamiento. Y espero que mi mensaje sea tomado, como los testigos de mi carrera de relevos, por científicos y pensadores cada vez más aptos, cada vez más capaces y cada vez más dignos de la confianza y la aceptación del mundo entero. Así, con el avance progresivo del pensamiento, combinando las ideas con la investigación, la humanidad descubrirá que sí existe Dios, pero el hombre no tiene un destino trazado, sino la obligación de trazarlo, que es libre para escoger su camino, que es lo que he querido demostrar en mis trabajos.

Apéndice

Muchas de las ideas aquí expuestas coinciden con algunas planteadas por una obra fundamental para entender el Universo: "El Kybalión", un documento publicado en 1908 en el que se resumen las enseñanzas del hermetismo, conocidos también como los siete principios del hermetismo. Se atribuye su autoría a un grupo anónimo que se autodenominó "Los Tres Iniciados", pero, por su estilo, se cree que el autor fue William Walker Atkinson. Su contenido es la base del movimiento del siglo XX llamado "Nuevo Pensamiento", asociado claramente al hermetismo y que suele vincularse a un alquimista místico que fue deidad de algunas logias ocultistas, llamado Hermes Trismegisto, que a su vez estaría relacionado con el dios egipcio Thoth; que puede haber existido en el antiguo Egipto antes de la época faraónica, y que, según la leyenda, fue guía de Abraham. Lo más importante del Kybalión son sus siete principios o axiomas, a saber:

1. Mentalismo. El Todo es mente; el universo es mental. El Todo es el conjunto totalizador. Nada hay fuera del Todo.

2. Correspondencia. Como es arriba, es abajo; como es adentro, es afuera. Afirma que este principio se

manifiesta en los tres Grandes Planos: el Físico, el Mental y el Espiritual.

3. Vibración. Nada está inmóvil; todo se mueve; todo vibra a diferentes frecuencias.

4. Polaridad. Todo es doble, todo tiene dos polos; todo, su par de opuestos: los semejantes y los antagónicos son lo mismo; los opuestos son idénticos en naturaleza, pero diferentes en grado; los extremos se tocan; todas las verdades son medias verdades, todas las paradojas pueden reconciliarse.

5. Ritmo. Todo fluye y refluye; todo tiene sus períodos de avance y retroceso, todo asciende y desciende; todo se mueve como un péndulo; la medida de su movimiento hacia la derecha es la misma que la de su movimiento hacia la izquierda; el ritmo es la compensación.

6. Causa y efecto. Toda causa tiene su efecto; todo efecto tiene su causa; todo sucede de acuerdo a la ley; la suerte o azar no es más que el nombre que se le da a la ley no reconocida; hay muchos planos de causalidad, pero nada escapa a la Ley.

7. Género. El género existe por doquier; todo tiene su principio masculino y femenino; el género se

manifiesta en todos los planos. En el plano físico es la sexualidad.

No es difícil ver que varios de esos principios están presentes en la Física cuántica.

FIN

Índice:

Preámbulo… 7

I El mundo que casi conocemos… 11

Las partículas del Universo… 11

Energía y materia… 19

Los Rayos Cósmicos… 26

¿Qué es Dios? ¿Cómo es Dios?... 28

El conocimiento de Dios… 31

Jesucristo, el Mesías, el Redentor… 33

Los Evangelios y los evangelistas… 44

II Morfología del Universo… 53

El Centro Absoluto del Universo… 53

Las almas en el Paraíso… 56

Las otras almas humanas… 60

Las emociones y el amor en el Paraíso… 64

Los rostros del Paraíso… 69

Los objetos en el Paraíso... 74

Las zonas pobladas del Paraíso… 75

Las lenguas del Paraíso… 83

Las jerarquías del Paraíso… 88

Los Oficios en el Paraíso… 91

Los templos del Paraíso… 94

Los usos y costumbres en el Paraíso… 96

La realidad del tiempo… 102

El final de los tiempos… 108

El papel de la Voluntad… 109

Epílogo… 113

Apéndice… 117

EDUARDO CASANOVA (Caracas, 1939) se inició como reportero de la Revista "Momento" a los diecisiete años (1957), y fue, con el seudónimo "Profesor Kassan" autor de la sección de astrología de la misma revista. A los veintidós años estrenó su primera obra teatral, la comedia *Barrabasalia*, escrita en colaboración con Arturo Uslar Braun y presentada en el Teatro La Comedia, Caracas, durante los meses de noviembre y diciembre de 1962. Entre 1971 y 1974 publicó en la revista *Imagen*, de Caracas, una columna llamada "Los Monstruos sagrados". En diciembre de 1972 se publicó su primera novela, *Los Caballos de la Cólera* (1972), seguida por *La agonía del Macho* Luna (1974), Hacia *la noche* (1975), *El arca de Daniel* (1985), *Las Alegres Campanas de la Muerte* (1988), *La Noche de Abel* (1991), *Cuarteto en Sol* (Tetralogía, 1993), *El Señor de la Montaña* (1994), *El solo de saxofón* (2000) *y La última muerte de Simón el triste* (2004), así como del libro de relatos *La Región Desapacible* (1974), el libreto de las óperas *Las Bejarano* (con música de Luis Morales Bance, estrenada en el Teatro Teresa Carreño en 1987), y *El Quijote cuerdo*, con música de César Augusto Guillén, estrenada en el Auditorio Emil Friedman, de Caracas, en 2011 También es autor de las comedias *El solo de saxofón* (1977), *Chirimoya Flat* (2009) y *Uslar von Uslar* (2019), los poemarios *Las trampas de la luz* (1991) y *Los cantos del Libertador* (1998), así como de las biografías de Rafael Vegas (2009) y Vicente Gerbasi (2013). En Caracas estudió un año de Letras y dos de derecho, y en Buenos Aires, República Argentina, completó sus estudios de abogacía. Fue diplomático desde 1964, Segundo Secretario en la Embajada de Venezuela en Argentina, Cónsul de Segunda y Cónsul de Primera en el Consulado General de Venezuela en Buenos Aires, Primer Secretario en la Embajada de Venezuela en Dinamarca, y Primer Secretario y Consejero en el Servicio Interno del MRE. Entre 1974 y 1975 fue Director Civil y Político de la Gobernación del Distrito Federal. También fue Presidente de Fundarte, Asesor del Ministro de Cultura, Director del Centro de Estudios Latinoamericanos Rómulo Gallegos (Celarg) y Presidente de la Fundación Celarg. Igualmente fue Director General Sectorial de Relaciones Culturales del Ministerio de Relaciones Exteriores. Se jubiló en 1994. En marzo de 2000 le fue otorgado el Premio *Guillermo Meneses* por su obra narrativa.

El Paraíso Universal
Publicado Abril, 2022

9 7 9 8 8 1 0 5 6 9 4 1 1